中高生が危ない！
反日日本人は修学旅行でつくられる

森　虎雄
現役公立高校校長

推薦の言葉――戦後の平和教育を根本的に見直す画期的論考

国立教育政策研究所によれば、暴力を伴わない「仲間はずれ、無視、陰口」といったいじめの被害者と加害者はいずれも87%で、被害者も加害者も大きく入れ替わりながらいじめが進行しているという。

いじめを苦にした自殺行為が相次いでいるが、自殺した子供の遺書には、自分を責めるという共通点がある。「自分は生きていても仕方がない」と思う子供も一割を超えており、心のコップが下を向いている子供が多い。

そのような「今の自分」を責める自己否定の深層心理は、自分を生んだ父祖や自国の歴史を否定する心理と直結している。

戦後の平和教育は日本の加害と侵略の側面のみをことさら強調し、戦争の悲惨さ、残忍さばかり教えてきた。

しかし、自国の加害と侵略の歴史、戦争の悲惨さ、残虐さに対する嫌悪感を育てれば、戦争を食い止め、平和を守る能力や態度が育つと考えるのは誤りである。

沖縄県教育委員会は平成5年に『平和教育指導の手引』を出し、「指導に当たっての留意事項」として、次のように明記した。

「平和を愛する美しい心を育てる文学作品等を多く読むことにより、豊かな感性を育てるよう努力することが、平和を愛する礎となるものである。沖縄戦を平和教育の教材として指導する場合、非人間的な、残虐写真、フィルム等を示し、人間の醜い面を強調しすぎて、幼児児童が人間不信に陥ることがないように、特に留意する必要がある。」

わが国の戦後の平和教育の淵源となったのは、占領軍の民間情報教育局のウォー・ギルト・インフォメーションプログラム（戦争犯罪情報宣伝計画）にあった。

その中で、戦勝国が日本の戦争犯罪を一方的に裁いた「太平洋戦争史」が全国紙に連載され、学校で教えるように強要されたことによって、自虐的な「反戦平和教育」が広がった。

今日では「反戦平和教育」に先祖帰りした感があるが、日教組も平成8年に『もうひとつの平和教育――反戦平和教育から平和共生教育へ』（日教組教育文化政策局編）

を出版し、次のように指摘した。

「敗戦後50年を経て……平和についての考え方も変わっています。……この事態に対応した新しい平和教育が求められている。……いまでは、子どもたちに対して戦争の非人間性、加害責任などを『正しい知識』としてあたまから教え込むことには限界があることがはっきりしています。」

本書はこのような戦後の平和教育の歴史的経緯を踏まえて、公立高校の教頭が「反戦平和教育」から脱却して新たな平和教育を積み重ねてきた実践を元にして書いた画期的な本である。本書が多くの方々に読まれることによって、戦後の平和教育を根本的に見直す契機となることを願っている。

2013年8月1日

明星大学教授　高橋史朗

はじめに

教頭という仕事は、学校関係者でないとほとんど何をやっているか分からないと思います。まして生徒からすれば、いつも職員室で机に向かって何かやっているおじさん（おばさん）くらいの認識です。多くの場合は授業を持つこともなく、生徒の前で話すこともほとんどありません。

何をしているかと言えば、先生たちの出張や年休の管理、先生たちの人事評価と学校自己評価の事務、教育委員会への報告、先生たちの研修に関する事務、校内委員会（勤務校には17の委員会があります）への出席、校務分掌編成、生徒異動に関する事務、諸会費未納保護者への督促、苦情処理、生徒指導、その他どこにも持っていきようのない問題への対応、等々。

つまり、事務的仕事プラス「隙間産業」的仕事になります。1人で50人以上の部下（教員）に対応し、評価したり、意見調整したりします。

企業では、管理職が「係」「課」などでそんなに多くの部下を管理することはないと思います。教頭には霊能力が必要なくらいです（笑）。さらに、校長の意向を教員に浸透させるよう努力します。

およそ教育という仕事からはかけ離れた感じです。日常業務に忙殺されますが、この危機の時代において事務仕事に埋没するわけにはいかないと思います。

多くの校長や教育委員会事務局の役人たちが国を想っているとはとても思えません。それらの方々が今日の国家の危機に何かをしようと思っているとは見えないのです。

危機の時代の公教育は、それ相応のものであるべきです。しかし、県の教育局のありがたいお話を聞く機会はたまにありますが、国難を意識したような内容は微塵《みじん》もありません。

一方で、「組合教員」や自らも「自虐史観」教育を受けてきた一般教員は、生徒たちに左翼偏向教育を日々行っています。保守論客の皆さんの活躍などで風向きは変わってきたように感じることもありますが、日本人の国家観を損なう教育が日々全国で着々と行われているのです。

今、必要なのは、日本を取り巻く周辺諸国の情勢をリアルな視点でとらえ、平和維持を考えさせる本当の「平和教育」です。また、その基礎となる領土問題を含む領土教育であり、中国の軍拡に対する安全保障のあり方を教え、その中国が侵略した東トルキスタン、チベット、南モンゴルの歴史と現状を教えることです。また、人権教育といいながら、学校ではあまり取り上げることのない、究極の人権問題である「拉致問題」に関する学習も必要です。

本書は、こうした新しい「平和教育」の実践例を紹介しながら、公教育の反日的実態とその背景に触れ、「あるべき教育の姿」——とりわけ歴史教育・国防に関する教育——について言及していきたいと思います。

2013年8月6日

森 虎雄

「反日日本人は修学旅行でつくられる」目次

第2章 こういう授業を受けたかった ――あるべき真の平和教育とは

第3章 生徒を自虐史観に染め上げる修学旅行の実態

第4章 公立高校を取り巻く反日教育

第5章 国難のとき、教師が教えるべきこと 181

第1章

元左翼教師、告発す

私も「自虐史観」を教えていた

2012年1月28〜30日、富山県で「教研集会」（第61次教育研究全国集会）が開かれました。主催は、日教組（日本教職員組合）。この集会で、長崎県の町立中学校の男性教諭が、いわゆる「南京大虐殺」に関わるとされていた「百人斬り競争」を、事実であると断定して中学生に教える教育実践を報告しました。

「百人斬り」は1937年（昭和12年）に東京日日新聞（現在の毎日新聞）が掲載した記事で、南京攻略戦にあたり、日本軍将校二人が日本刀で百人斬り競争を始めたという記事です。しかしこれは後に、戦意高揚のために書かれた記事で、事実ではないことが明らかになっています。

にもかかわらず、この教諭はこの新聞記事を取り上げて、「日本軍はたくさんの中国人を殺した」と教えていたのです。このことを新聞などが報道すると、教諭に対する非難と教育委員会の監督責任を追及する声が高まりました。

このような、史実を無視して、

「日本軍が戦争中どんなに悪いことをしたのか」

を教える自虐的な歴史教育、「自虐史観」教育は、公教育の場でかなり行われているのが実態です。今回のケースは、教研集会がマスコミ取材を承認していたために、授業の一端がたまたま表に出ました。学習指導要領違反の疑いもある偏向授業は表面化していないだけなのです。


その根拠は、他ならぬ私自身の経験からです。


私は大学で史学科に学びました。カトリック系大学だったので唯物論とは縁がないように思われますが、史学科はマルクス主義的歴史観、史的唯物論にどっぷりと浸かっていました。そのような唯物史観を持っていないと、

「おまえは時代錯誤の右翼だ」

と決めつけられてしまうほど圧力があったのです。ご多分に漏れず私も左翼思想に染まり、

「日本は悪いことばかりしてきたのだ」

となんとなく思い込んでいました。

それは、大学を卒業して高校の教職に就いてからも変わりませんでした。周りの先輩教員たちも同じようでしたし、私は疑問をまったく持たずに組合に入りました。私が入ったのは「全教」（全日本教職員組合）という日本共産党系の教職員組合です。新聞は当然「赤旗 日曜版」（現「しんぶん赤旗 日曜版」）をとり、メーデーにはデモに参加、分会長（組合の基礎となる分会活動を統括する長）も務めました。

そして授業では、まさしく自虐史観に基づく日本史教育を行っていたのです。しかし当時は自虐的だとまったく思いませんでした。

「日本は明治以降の帝国主義政策により、アジアを侵略し、それによりアメリカ、イギリスとも対立し、十五年戦争（※）への道を歩んでしまった」

「日本は二度と侵略や戦争という過ちを犯さないようにしなければならない。そのために授業では、侵略の事実を教え、修学旅行に関わる『平和学習』でもそのことを教えなければならない」

そのように確信して教えました。それほど偏向した歴史観を持つ左翼教員だったのです。

※1931年の満洲事変から1945年の終戦までの約15年間を戦争状態と位置づける左翼側の呼称。

本多勝一の『中国の旅』を教材に「南京大虐殺」を教えていた私

私のかつての自虐史観教育の中で最たる授業が、朝日新聞記者・本多勝一氏が書いた『中国の旅』を用いて、いわゆる「南京大虐殺」を詳細に生徒に教えたことでした。ちなみに当時の私の愛読書は同氏の代表作『貧困なる精神』でした。

『中国の旅』に登場する虐殺を目撃したという人の証言や、自分も虐殺されそうになったが一命を取り留めたという中国人「被害者」の証言内容を引用してプリントにして、生徒に配布し、広島修学旅行前の「平和教育」として、日本史授業を行ったこともあります。

公立高校では、「平和教育」あるいは「平和学習」というものが行われています。

関東圏の公立高校で修学旅行といえば、広島、長崎、沖縄。こうした被爆地や戦跡に修学旅行で訪れる場合に行われるのが「平和教育」と呼ばれるものです。それは、修学旅行の事前教育や普段の授業でも行われているものです。

私は平和教育として、『中国の旅』に掲載されているショッキングな写真を見せながら授業を進め、生徒たちもいつになく真剣に授業を受けていたように思います。

これは、修学旅行の下見で広島を訪れた際（当時は教員による下見のための旅行が許されていました）、生徒たちが体験談を聞く予定の被爆体験の語り部から、事前に学校側に、

「修学旅行の前に、（広島の原爆）被害についてだけでなく、日本の『加害』についても教えておいてほしい」

という依頼の連絡を受けていたため、私なりに教えたものだったのです。

しかし、現在、『中国の旅』に登場する中国人「被害者」はすべて中国共産党政府が紹介した人々であり、掲載された証拠とされる写真もすべて南京攻略戦と無関係か、もしくは日本軍によるものではないことが明らかにされています。『中国の旅』に掲載された証言も写真も、事実であるかどうかの検証をほとんどされずに掲載されたものでした。

そうとも知らず、それを使って授業をしてしまったので、私の授業を受けた生徒たち

は「南京大虐殺」を事実として理解したと思います。

当時の自分を振り返り、大いに反省せざるを得ません。その〝罪滅ぼし〟をしなくてはならないと今思っています。

私は当時、自分では正しいことをしていると確信していました。今も明らかな確信犯的左翼教員もいれば、かつての私のように悪気もなく自虐史観教育をやってしまう教員もいると思います。「真実に暗い」ということは恐ろしいものです。

密室ともいえる授業中の教室で教員はやりたい放題です。密室の授業で自虐史観の教科書に学び、教員からの影響をさらに受け、純真な生徒の認識は歪んでいくのです。

私はいかにして左翼偏向教育から脱却したか

私が「自虐史観」に染まった原因は、大きく三つ考えられます。

第一には、大学で唯物史観の影響を受けたことです。

第二は、育った家庭が決して豊かではなかったので、「金持ちは悪」というような感覚を強く持ち、「結果平等主義」の共産主義（唯物史観）に共感を覚えたことです。

第三には、自分で言うのは恐縮ですが、私自身の優しさのためです。〝戦争で苦しめられた人々〟〝日本人により差別された他の国の人々〟に対する同情心からです。

しかし私は自虐史観から目覚めました。

そのきっかけのまず一つ目は、１９９７年3月7日に幸福の科学の「繁栄への道」という講演で聞いた、大川隆法先生の一言でした。

「先の日米の戦争について、右翼系の学者は『日本の完全な自衛戦争だった』と言っていますが、そう言いきれるかどうかは少し疑問です。歴史の大きな流れから見ると、『日米の覇権戦争だった』というのが公平な見方ではないかと思います。

急速に勢力を拡張している者同士は、ぶつかるものなのです。たとえば、戦後であれば、アメリカとソ連の冷戦がそうです。これも覇権戦争です。一位と二位は、ナンバーワンを巡って激突するものです。これは会社でも同じです。拡張する者同士は必ずぶつかるのです。

したがって、アメリカがフィリピンを植民地にしたあたりで、日本とアメリカがぶつかることは、かなり運命づけられていたのではないかと私は考えています」

（大川隆法『奇跡の法』幸福の科学出版、第2章）

太平洋戦争は太平洋をめぐる「日米の覇権戦争」だった——このことは、私にとっては、禅宗で言う、まさに「一転語《いってんご》」でした。目覚めの言葉だったのです。それ以来、「日本は単に侵略をしただけの悪い国ではなかったのだ」「アメリカは明らかな正義の味方ではないのだ」という認識を持つことができるようになりました。

先の大戦は日本だけの一方的な侵略戦争だと思い込んでいましたが、アメリカも太平洋に「フロンティア」を広げたいと考えており、さらには中国大陸への侵出を考えていたことを理解できました。そうなると、いわゆる「太平洋戦争」の意味合いはまったく違ったものに見えるようになってきたのです。

私は、さらに明星大学教授の高橋史朗先生の門を叩きました。高橋先生からは、「ウォー・ギルト・インフォメーション・プログラム（War Guilt

Information Program)」の存在を教えていただき、どういう理由で戦後の日本の歴史教育が歪められてきたのかを知ることができました。

「ウォー・ギルト・インフォメーション・プログラム」は、戦後、占領軍（GHQ＝連合国軍最高司令官総司令部）が日本に対して行った占領政策で、戦争贖罪《しょくざい》宣伝計画ともいうべき意味です。これについては機会をあらためて書きたいと思います。

同時に、少しずつ「唯物思想」に疑念を抱きはじめていたことも影響しました。

「人間精神の崇高さを無視し、人間の〝もの〟をなさんとする動機はしょせん私利私欲なのだ。皆自分が一番可愛いのだ。だから、互いの権利を認め合うことが大切なのだ」という浅薄な唯物思想です。「唯物思想」の解釈としては正確ではないかもしれませんが、私にはそのような思想に思えました。「崇高な精神」の発露をも〝欲望の反映〟と見る思想に共感できなくなったのです。その思想はさらに、

「人間は死んだら終わり、生きている間に少しでもいい思いをしなければ損だ」という刹那《せつな》的で現世利益追求型の価値観を世にはびこらせ、人間を堕落に追い込んでいると思えたのです。

私は近代史を中心に唯物史観に基づく歴史解釈を排し、史実に忠実な歴史を学び直

しました。「教育」の観点からもあるべき姿を考えるようになったのでした。

自虐史観から目覚め、組合をやめた私は、

「あなたは変容した。変節漢だ」

と人から蔑《さげす》まされることもありました。しかし私自身は逆に、

「私はあなたのように思考停止していないのだ」

と胸を張りました。賢明なる有識者の中には、「左翼から転向した人間は信用できない」と言う方もいます。そう言われても仕方がありません。目覚めてしまったものは目覚めてしまったのです。

「平和が第一」と思って戦争に反対していれば「平和」が訪れる？

私が勤務していた高校の修学旅行で沖縄に行ったときのことです。

「ひめゆりの塔」への献花・黙禱の際、生徒たちがクラスごとに全員のメッセージを書いた色紙を奉納しました。私はその色紙を見て、大変不謹慎ではありますが、笑ってしまいました。ほとんどがこう書かれていたからです。

「平和が一番」

かつて衆議院議員の小沢一郎氏が民主党を離党して立ち上げた政党名、「国民の生活が第一」でもあるまいしと思いました。

高校生に「平和教育」をして感想をとると、いつも決まって一様にこう書いてきます。

「平和が第一」

「戦争反対」

「なぜ戦争なんかするのか分からない」

「平和の大切さがよく分かった」

「戦争について学ばないといけない」

沖縄に修学旅行に行った生徒たちは、

「日本軍は、かつて悪いことばかりした」

「沖縄に基地があるのはおかしい」

「アメリカ軍は、沖縄の人たちに土地を返すべきだ」

といった考えを、濃淡はあれどもなんとなく持ちます。その様子に教員の多くも、

「生徒は真剣に平和について考えていたようだ」

などと思うのです。

ところが、私はこのような教員の反応になんとも言えない違和感を覚えるのです。

「平和が大事と言っていれば、平和は維持できる」

と本気で教員たちは考えているのでしょうか。この発想の根底には、

「かつて日本は侵略戦争をしたのだから、子供たちに戦争の悲惨さを知らせさえすれば、平和の尊さを理解させさえすれば、二度と過ちを繰り返すことはない」

という考え方が流れているのです。平和のことを考えていさえすれば、日本はずっと平和でいられるのでしょうか。

そんな教育を受けた生徒は、国防意識を持たない大人に成長してしまいます。

今の私は、修学旅行のときは、前もって生徒たちに言うことがあります。

「強制するものではありませんが、もし『ひめゆりの塔』へ行くなら、『ひめゆり学徒隊の皆さんのおかげで私たちは生きています。日本は滅びていません。私は皆さんの犠

牲を無駄にしないように一生懸命生きます。人の役に立つように生きます』と心で誓い、黙禱してほしいと思います」

これは民間シンクタンクの独立総合研究所社長、青山繁晴氏の『ぼくらの祖国』（扶桑社）を読んで、「白梅の塔」（※）での同氏の祈りに感銘を受け、参考にさせていただいたものです。

「私は日本人に生まれたことを恥ずかしく思います」と言った女性教員

今や修学旅行は、公立学校教育における「反日・自虐教育のメーンイベント」と化していると言って過言ではありません。

平和教育として修学旅行先の最有力候補は広島でしたが、関東圏では多くの場合、京都方面とのセットで新幹線を利用して広島に行きます。もっとも最近は広島や関西へ

※「白梅の塔」は、沖縄県立第二高等女学校の四年生によって編成された、従軍看護婦隊「白梅学徒隊」を祀る塔。糸満市国吉にある。

の修学旅行は減少傾向にあります。修学旅行の航空機利用が許可されて、沖縄や北海道を選ぶことが多くなってきたからです。

社会科担当教員の私は、1992年に広島修学旅行の主担当として平和教育を行いました。前述した通り、私は当時、組合教員でしたので、平和教育には積極的に取り組みました。

修学旅行は秋に実施されますが、事前学習としての平和教育は春から始めます。その一つが「平和教育講演会」です。92年の広島修学旅行のときは、私は肥田舜太郎《ひだしゅんたろう》氏に講演を依頼しました。肥田氏は内科医で戦時中は陸軍軍医。原爆投下当時は自ら被爆しながらも被爆者の救援・治療にあたった人です。戦後は被爆者の診察を続け、被爆の実相を語りつつ核兵器廃絶を訴えています。当時の勤務校で講演してもらった内容は被爆直後の惨状を語る体験談でした。

また、肥田氏は日本共産党系の全日本民医連（全日本民主医療機関連合会）、日本被団協（日本原水爆被害者団体協議会）等に関わってきた人物で、現在も90歳を超えながら「脱原発」の主張を展開しています。そういう人に講演会を依頼していたのです。

事前学習としては、夏休み前の映画上映会もありました。視聴覚に訴えて生徒たちに原爆の恐ろしさを学ばせるのです。当時はアニメの「はだしのゲン」、アメリカ軍が撮影した核実験の映像や原爆投下直後の広島・長崎の映像でした。

さらに私は通常の社会科の授業でも、原爆投下について詳細に教えました。広島型原爆と長崎型原爆の違い、マンハッタン計画について、原爆投下候補地について、当時の広島の様子、アメリカの原爆投下の理由、なぜ8月6日に投下したのか、なぜ午前8時15分なのか、現代の核兵器などについて取り上げました。

その上、いかに日本軍が悪いことをしたかを教えました。先ほども述べたように、現地の被爆体験を持つ語り部から、

「被害だけでなく、日本の加害についても（生徒に）学ばせてほしい」

と言われていたからです。私はかなり偏った授業をしていたと思います。それでも当時は善意の気持ちでいましたし、「よいことをしている」と自負さえしていました。

ただ、なんとも言えない複雑な気持ちになったこともあります。体育館に生徒を集めて平和学習を行ったあと、新任の若い女性教員が生徒たちの前で、

「私は日本人に生まれたことを恥ずかしく思います」

と言ったことです。

「先の大戦で日本人がひどいことばかりをしてきたと知って情けなくなった」と言いたかったのでしょう。彼女は組合員ではありません。お嬢さん育ちで、県内有数の進学校から有名私立大学に進学し、教員採用試験に一発で合格した優秀な英語教員です。思想的なものではなく、善意から出た言葉だと思います。ただその発言は、彼女自身も自虐史観教育を受けてきたことを意味するものです。

「日本人が悪い。だから原爆投下はしかたがない」は反日・反米思想

修学旅行に向けての事前学習として、夏休みの課題もありました。「平和学習レポート」なるものです。テーマは、「核兵器について」「十五年戦争について」「広島と長崎の原爆被害について」などから生徒たちに選ばせました。

さらに、平和教育として、夏休み期間中にJRの某駅近くのデパートのホールで開催

されている「平和のための戦争展」を見学することも義務づけました。この戦争展の実行委員会組織は日本共産党系の団体が行っており、今も続いています。

左翼団体が企画する行事に、左翼教員（当時の私も）が教育活動の一環として生徒を送り込むことが続いているわけです。なお入場料は生徒各自の負担です。このように偏向教育は公立高校で今も堂々と行われています。夏の戦争展は組合本部から各校分会に、「生徒を『戦争展』に行かせるように」との指示が来ていました。

修学旅行の直前には、先ほども触れたように私は現地に事前調査に行きました。広島に行き、集合場所、宿泊施設、見学場所の確認、班別自由行動時の行動範囲の安全確認等を行います。そして「語り部」の人たちに会い、打ち合わせをします。経歴や体験を聞き、その情報を生徒に前もって知らせるためです。

修学旅行当日は、広島駅からクラスごとに観光バスに分乗し、バスガイドの案内で「広島平和記念公園」を見学し、慰霊碑をめぐります。そしてクラス別もしくはクラスを超えて複数班が集まり、語り部の話をその人ゆかりの慰霊碑の前で聞きます。

語り部の被爆体験談は実体験ですから傾聴に値します。しかし今日的話題、たとえば自衛隊についての話題に触れると、その見解にはかなりイデオロギー色が出てきます。

その後、生徒は班ごとに広島平和記念公園内にある資料館を見学。いかに原爆の被害が壮絶であったか、原爆症になった人たちの人生が深い苦しみであるかがよく分かり、改めて非戦闘員である広島市民に対して無差別人体実験をしたアメリカの所業に怒りを覚えました。

アメリカが日本に原爆を投下した理由を、戦後の東西冷戦構造をふまえて考えたり、原爆投下をした張本人のアメリカが中心となって東京裁判を開いて、日本の政治や軍部の指導者を戦争犯罪人として裁いたことの意味などを考えることは、国家観を涵養《かんよう》する上で大事なことです。

しかし、当時の私はそこまでの見識はまったくありませんでした。

広島平和記念公園内の原爆死没者慰霊碑には、

「安らかに眠って下さい　過ちは　繰《くり》返しませぬから」

と刻まれていますが、それと同じ認識を私は持っていました。

「侵略戦争をした日本人が悪い。だから原爆を落とされてもしかたがない」

という思いです。同時にアメリカの行為を憎むというのが当時の私の感覚でした。これは「反日・反米」の考え方です。この反日反米思想こそが、広島の平和教育で左翼団体が生徒たちに期待する狙いであり、思惑なのです。

沖縄修学旅行は初日に「平和教育」が注入される

最近、勤務校の所在する県（以下、本県）では沖縄を修学旅行先に選ぶ公立高校が増えています。私も２０１２年に沖縄修学旅行を引率しました。すでに私自身は左翼思想や自虐史観の呪縛から解き放たれて、十数年経ていました。

本県では、修学旅行の費用上限は、生徒一人当たり8万１０００円とされています（２０１２年度現在）。これは保護者への負担を過重にしないための制約です。沖縄に行く場合は往復の航空料金で大半を使ってしまいます。旅行にマリン体験を入れると、海水の温度の関係で10月中に実施することが多く、その場合は観光シーズンとぶつかり、航空料金が高くなります。そのため、沖縄に行く場合は宿泊数を減らし、２泊３日で実施するケースが多いようです（新幹線利用ならば4泊5日が可能）。

2泊3日の沖縄修学旅行の典型パターンは次のようになります。

〈1日目〉沖縄に到着、午後、観光バスで南部戦跡をめぐります。「ひめゆりの塔」、「ひめゆり平和祈念資料館」、「ガマ（壕《ごう》）」、「沖縄県平和祈念資料館」を見学。時間があれば嘉数《かかず》高地から普天間飛行場を見学します。見学中の案内役はバスガイドがメインですが、ガマでは専属ガイドが説明します。

〈2日目〉マリン体験を中心とした体験活動で、生徒の希望により振り分けて行います。「沖縄美《ちゅ》ら海《うみ》水族館」見学を入れることもあります。

〈3日目〉午前中に那覇市の国際通りを中心に自由行動とします。ここで生徒たちはお土産を買い、午後の飛行機に搭乗、帰路に就きます。

以上のような流れであっけなく終わりますが、問題は1日目です。バスが出発するや、バスガイドは沖縄の歴史を平和教育の観点からずっと解説し続けるのです。

沖縄戦に関しては、「沖縄県民は本土の犠牲になった」という被害者の立場を強調し、「ひめゆり学徒隊」の話を中心に語ります。さらに、「沖縄住民が日本軍の命令で集団自決させられた」という話にも触れてきます。これらのことは、第3章で詳しくお伝えしましょう。

ともかく1日目のバスガイドの解説に、真面目な生徒は真剣に聞き入ってしまい、あっという間に自虐史観を刷り込まれてしまいます。「一丁上がり！」という感じです。資料館から短時間で出てきてしまい、売店でソフトクリームをなめている生徒がいると、教員は「ちゃんと見学していない！」と言って憤慨しますが、私は内心「よしよし」と思うほどです。

教員には手っ取り早くてラクな「平和教育」

高校の修学旅行で北海道に行く場合もあります。

北海道の場合は、アイヌ民族について学び、「日本の少数民族学習」に取り組ませることがあります。早い話が、指導する教員は「日本人はアイヌ民族を侵略した」と教えたいわけです。

沖縄のときは、「日本本土が沖縄県民をひどい目に遭わせた」と教え、北海道に行けば、今度は「日本人がアイヌ民族をひどい目に遭わせた」と教えるのです。

この教え方を進めていくと、在日韓国人・在日朝鮮人の話にまで広げられ、日本人の「植民地支配」「従軍慰安婦」といった話にまで広がることもあります。外国人地方参政権の付与に向けた布石にもなり得ます。

北海道も広島も沖縄も、修学旅行先に選ぶと、自虐史観と反日の平和教育に染められるのです。

最近は海外に行く修学旅行もあり、本県では台湾を選ぶ学校もあります。生徒たちが親日的な台湾人と交流し、日本が台湾を統治していた時代に日本人が行った実績を見聞し、歴史の正当な評価につなげてほしいと思います。

反対に、間違っても韓国を修学旅行先に選ばないでほしいと思います。

「従軍慰安婦」の慰霊碑の前で生徒が土下座したり、日本大使館前の慰安婦像で生徒たちが記念撮影している光景は考えるだけでおぞましいです。

2012年5月5日には、「戦争と女性の人権博物館」、通称「従軍慰安婦博物館」

がソウルにできたようですが、きっと日本のどこかの高校が修学旅行で訪れるはずです。

こうした企画に対して文科省は阻止する責任があると思います。

「平和教育をやるべきだ」

と積極的に考えるのは日教組や全教など組合教員が多いですが、組合員でなくとも、

「平和教育はよいことだ。大切なことだ」

と無前提で受け止めるノンポリ教員も数多くいます。真面目な彼らはこう考えます。

「生徒をただの物見遊山に連れていくのでは修学旅行の意味がない。せっかくだから生徒に何かを学ばせよう」

「平和は大事だ。日本は過去に侵略戦争をしたから二度と戦争を起こしてはいけない。だから平和の大切さを生徒に教えなければならない」

そこで手っ取り早いのが「平和教育」なのです。

特に広島、長崎、沖縄は見学施設も語り部も備わっているし、他校の実践例も蓄積され、旅行業者も対応に慣れています。

教員たちは身近なことにしか関心がなく、享楽的に見える生徒たちに多少ショックを与え、物事を真剣に考えさせようとします。その意味でも平和教育はもってこいの題

材です。

教員はある意味、良心的なところがありますから、善意で平和教育を熱心に推進します。そんなものはどうでもいいと考える教員もいますが、あえて平和教育に反対するだけの見識もなく、結局そのまま放置するのです。

教員は経験を重視しますので、次の修学旅行の機会にも同じような取り組みを行います。いずれにしても教員は意識としては善意で平和教育を行うことが多いのです。

国難にある今の日本で「平和教育」をやっている場合ではない

従来型の平和教育や自虐史観教育は、国防を考える上で大きな障害であり、児童や生徒に悪影響をおよぼします。

日本の加害面ばかりを一方的に強調する平和教育を行うと、児童・生徒たちにどのような影響を与えるか、参考となる調査結果があります。

広島平和教育研究所が小・中学生を対象とした「平和教育アンケート調査」です。

１９８７年と96年における調査の比較をしてみます。

アメリカの原爆投下についての問いで、「戦争を早く終わらせるために必要だった」と思う原爆是認派の生徒は、１９８７年では８・５％。96年には14％に増えています。

原爆投下を「人道上許せない」と答える原爆否定派の生徒は、87年の小学校５年生で72・２％、96年には62・４％と10ポイント低下。87年の中学３年生は66・４％、96年には50・９％とやはり15ポイントも低下しています。

平和教育によって、「原爆投下は必要だった」「原爆投下はしかたがなかった」と考える生徒が増えたということです。平和教育の〝成果〟が反映された結果がここにあると言えます。

「日本の軍国主義が侵略戦争を引き起こし、負けることが分かっていて降伏しないから原爆を落とされた。当時の天皇や政治家が降伏しなかったから、原爆の犠牲者が出たのだ」

という話を当時の私も十分納得していたのを思い出します。

平和教育が単なる「反戦平和」を唱える立場に立ち、しかも日本国内でのみ行われることは日本人に罪悪感を植えつけ、国防観念を奪うだけです。結果的に中国・北朝鮮・韓国の政治的歴史認識などを勢いづかせるだけです。

私が一番危惧するのは、今のまま平和教育を続けていけば、確実に中国のアジア侵略を日本人が支えることにつながるということです。はっきり言って、平和教育は中国・北朝鮮の工作活動と言っても過言ではありません。

中国や北朝鮮や韓国では、日本のような贖罪意識に基づく反戦平和を主張する平和教育も自虐的な歴史教育もまったく行っていません。

今日の日本は、東日本大震災による復興の問題、原発事故による原発停止、このような中での不況の継続、さらに中国の軍拡と海洋進出、北朝鮮による核開発・ミサイル発射、さらに未解決の拉致問題など、日本は国難の危機の中にあります。このような現状において、反戦平和主義の平和教育などやっている場合ではないのです。

「反日米安保」「自衛隊縮小」を目標とする平和教育は、中国と北朝鮮の日本侵攻を呼び込み、歴史認識や領土問題で韓国やロシアを利するだけです。〝中国や北朝鮮の国益〟にかなった平和教育など、日本にとって百害あって一利なしです。

「平和教育」を推進しているのは日教組

「平和教育」という言葉は、実は教育法令上の用語にはありません。「人権教育」「国際理解教育」「性教育」などの用語は、公教育の教育計画の中で位置づけられています。本県でも教育局の各課所の分掌とされています。

人権教育は「人権教育課」、国際理解教育は「高校教育指導課」、性教育は「保健体育課」が担当しているのです。ところが、平和教育を担当し実施に直接関与する課所は、教育局のどこにも存在しません。

教育局以外のどこが平和教育を推進しているのでしょうか。

それが日教組なのです。

日教組は、終戦から2年後の1947年6月に結成された労働運動、教育運動、政治運動を行う圧力団体です。私が所属していた全教はこの日教組から1989年に離脱して結成されたものです。日教組の中で反主流派を形成していた日本共産党系勢力

（日教組の約3分の1）が全教に流れ込みました。

今から60年以上も前、1951年9月、日教組は「教師の倫理綱領」を採択し、「教師は平和を守る」と規定しました。

この「教師の倫理綱領」の中に、日教組が言おうとしている「平和教育」を読み取ることができます。日教組が行った平和教育運動は、次の三つの領域に分類されます。

①平和運動としての平和教育

日教組は、日米安保条約、米軍基地、自衛隊、日の丸・君が代、自衛隊のPKO派遣、日本国憲法改定などが日本の「平和」を脅かすものと把握し、反対運動を展開してきた。「教え子を再び戦場に送るな」のスローガンを掲げ、「平和教育の徹底」を宣言している。その中には、日本の戦争責任から、過ちを繰り返さない次の世代を教育する義務感。悲惨な被爆体験から、二度と戦争を起こしてはならない、という願い。太平洋戦争を引き起こし、多くの教え子を戦場に送り、亡くしたという反省が、考えとして含まれている。

②民主化運動としての平和教育

日教組は、自民党と文部省による教育行政の中央集権化や学校管理の強化や教育内容の統制に反対してきた。こうした教育行政策に反対する抵抗運動を、日教組は平和と民主主義を守る戦いととらえている。1958年からの「勤務評定問題」に関する闘争に力を入れた。

③平和教育実践運動としての平和教育

日教組は、反戦平和をめざして、学校教育現場で平和教育を実施し、平和に向けていろいろな教育実践を推進してきた。そこでは、日本の過去の戦争を教えることが平和教育実践の中心と位置づけられていた。1951年11月に始まった全国教育研究大会における分科会で平和教育が取り上げられるようになった。

（村上登司文『戦後日本の平和教育の社会学的研究』学術出版会）

このように日教組は、平和教育を活動の大きなテーマとして取り組んできたのです。

「結局、戦争というものは資本主義のなせる業である」

との社会主義的イデオロギーに立った見方で戦争の原因を把握し、それに基づいて「非武装中立論」の展開に力を入れてきました。

1970年代、日教組は戦争体験を継承することに主眼を置き、広島・長崎の原爆を平和教育の題材として扱うようになります。そのため、広島・長崎への修学旅行を実施する学校が顕著に増大しました。

1980年代には、戦争体験の継承に加えて、子供たちに日本の戦争における加害の事実を教える取り組みが活発になります。被爆体験者の語り部から「修学旅行の前に、『日本の加害』についても教えておいてほしい」と言われたことは、先ほども書いた通りです。

この日教組の方針は、1982年に起きた「教科書誤報事件」(※)による中国・韓国からの圧力に同調したものと思われます。

1990年代になると、「ピースおおさか(大阪国際平和センター)」や「立命館大学国際平和ミュージアム」、改築した「広島平和記念資料館」などで、朝鮮人の「強制連行」をはじめ、大戦中の日本を加害者の立場で扱った展示物を入れるようになります。

※文部省が教科書検定で「華北へ侵略」を「華北に進出」に変えさせたとマスコミが一斉報道、後に誤報と判明したものの、日本の外交・内政に混乱が生じた事件。

また、この頃から「沖縄戦」を平和教育の題材として取り上げる学校が出はじめてきました。2000年に「沖縄県平和祈念資料館」が新装開館すると、館内は前に比べてより反日的な内容になり、沖縄県民の被害者意識がいっそう強調されるようになります。

この背景には、資料館改築を計画した当時の革新系沖縄県知事・大田昌秀氏の思想が色濃く反映されているのです。同資料館の展示物の偏向ぶりは、以下の伊藤玲子氏の言葉からも感じ取ることができます。

「二階の展示はどれも、『日本軍悪し、日本軍悪し』の前提で展示されているのである。折柄、中学生、高校生の修学旅行生が大勢、来館していた。将来の日本を担って行くこの子供たちが、この展示を見て日本をどのように思うのだろうか。この展示からは、郷土愛も、日本人としての誇りも、愛国心も生まれはしないだろう。

何故なら、この資料館には、沖縄県民が旧日本軍と共に郷土と祖国のために如何に戦ったかという視点は、何処にも無いからだ」

（伊藤玲子『「沖縄県平和祈念資料館」その真実』展転社）

沖縄県平和祈念資料館は、最近、沖縄の基地移設問題に絡めて「反日米安保」を生徒に刷り込もうとする試みが活発化し、沖縄戦における住民犠牲を題材に「旧日本軍=自衛隊」であるかのように印象操作をして、「自衛隊不要論」を浸透させようと図っています。

今後、高校の修学旅行先で予想される場所は、宮城県など東日本大震災の被災地です。被災地復興を助けることを名目に、「脱原発」を平和教育の主題に掲げて企画・実施されることも考えられます。

日教組や全教による日本弱体化精神は、手を変え品を変え、影響力を行使しようとし続けているのです。平和教育を推進する日教組および全教は、中国や北朝鮮に対してこそ「核廃絶」を含めた平和教育を行うように、組織を挙げて訴えたらどうだと思います。

日教組のスローガンである「教え子を再び戦場に送るな」を、私は「教え子を再び日教組・全教に送るな」のスローガンに言い換えて、掲げてまいりたいと思います。

ひめゆり学徒隊の生存者の中に左翼工作員!?

私の赴任校では沖縄が修学旅行先として続いています。

2010年5月、沖縄修学旅行の事前学習の場でのことです。わが校では「ひめゆり学徒隊」の生存者であるK・C女史を招いて講演会を開くことが慣例でした。

体育館に対象者の2年生全員を集めると、K・C女史は移動式の黒板に、縦長の垂れ幕をぶら下げました。

「皇民化教育」

と書かれています。この語は左翼の造語です。この垂れ幕を示しながら沖縄戦の体験をK・C女史は語りはじめました。ひめゆり学徒隊の体験者ならではの生々しさは、貴重な話だと感じました。しかし、

「沖縄県民に軍命が下って強制自決させられました」

「沖縄県民がスパイ容疑で日本軍に殺されました」

などと言い出したときは、私は、

「ちょっと待ってください、その事実関係をもう少し追究してみたいのですが」

と思いました。

一番驚いたのは次の発言でした。

「日本兵は沖縄県民を守りませんでした。皆さん、自衛隊だって戦争になったら、皆さんを守らないですよ。この学校だってどうなるかわかりませんよ」

と言い放ったことです。私は、

「なんということを言うんだ。とんでもないことを言うものだ！」

と思いました。

後日判明したことですが、K・C女史は、国旗・国歌を学校の式典で強制することに反対する市民団体が主催する集会の講演者に名を連ねていました。ひめゆり学徒隊生存者の語り部の中に、左翼工作員が入り込んでいたのです。

翌11年、私は沖縄修学旅行に同行することになりました。新学期早々の4月、当時教頭だった私は学年の修学旅行担当のA教諭に聞きました。

私　「今年度も平和教育の講演会に、K・C女史を呼ぶ予定があるのですか？」
A教諭　「未定です」
私　「昨年度のK・C女史の講演には、沖縄戦の実態を伝える部分もあるが、先の大戦は日本が一方的に悪いだけで、自衛隊についても否定的に話すこともあり、教育の場にふさわしくないと思います」
A教諭　「わかりました。それでは、その代わりに、教頭先生から生徒に平和教育の講話をしていただけませんか」

一瞬迷いました。

このとき私は教頭という立場だったので、授業を受け持つこともなく、生徒に講話をするチャンスもありませんでした。日本の危機感を伝えたくとも手段もなく、「職員室でつぶやく保守オヤジとして生きるしかないのだろうか」と悶々とした日々を送っていたところに、またとない話です。

A教諭の提案に同意しますと、A教諭は「それでは学年会で協議します」と言いました。

その学年には特に熱心な反戦平和主義者もいなかったので、正式に私に依頼が来ました。そして1カ月後の5月、私が「平和教育」の講話をすることになります。それは「真・平和教育」と私が呼ぶものでした。

「真・平和教育」で教えるべきは安全保障上の日本の危機

日本を普通のごく当たり前の国にして、日本の平和を守り、日本に繁栄をもたらすためには、「反戦平和主義」の観点からではなく、現実の情勢からいかに平和を維持するかの観点から話をしなければなりません。

私は、国家観を基本に国防を念頭に置いた「リアルな平和教育」を創造し、教育の現場に定着させることだと常々考えていました。そこで、より正確な史実に基づき、今日の国際関係の現実をふまえた新たな平和教育の構築を日々試みていたのです。これが私の「真・平和教育」です。

学校で教えるべき「真・平和教育」の骨子は大きく三つになります。

第1には、近隣諸国の現状についてです。特に中国と北朝鮮の脅威をしっかりと教え込むことが肝要です。

第2には、国防を考える上で欠かせない憲法問題です。現行憲法の成り立ち、前文、第9条を中心とした矛盾と現実との乖離《かいり》を教え、あるべき憲法の姿を考えさせます。

第3には、日夜、外国からの領海・領空侵犯などに対応し、国を守っている自衛隊と海上保安庁に焦点を当て、その活躍を紹介することです。その他にも、日米同盟やそれに基づく在日米軍の役割、さらにはエネルギー安全保障や在留外国人に関すること等も教える必要があると思います。

「真・平和教育」と私が考えた講話は過去2回行いました。

第1回目は、2011年5月、ズバリ「真・平和教育」という演題で2年生全員（約280名）に行いました。第2回目は、私自身が沖縄修学旅行を引率する年ですので、テーマを「沖縄から平和を考える」としました。12年3月に新2年生になる1年生（247名）を対象に行いました。

本書では、第2回目の内容を紹介したいと思います。講話の効果が果たしてどれほどのものになるか、実際に自分自身も沖縄修学旅行に同行してどうであったかなど検証して全体像を示すことができ、皆様の参考になるのではないかと思います。

この講話で、生徒と教員に最も伝えたかったことは、「『平和が大事』『戦争反対』と言ったところで、平和が守られるわけではない」ということです。大切なことは、戦争を防ぐにはどうすればよいかを現実的に考えることです。国を守る力がなければ、他国に攻め込まれます。それが国際社会の現実です。このことをふまえ、どのように平和を守るかを考えさせるのが「真・平和教育」なのです。

それでは、次章で講話そのものを再現してみましょう。

第2章

こういう授業を受けたかった

——あるべき真の平和教育とは

紙上再現授業

授業タイトル

『沖縄から平和を考える』

2012年3月、県立○○高校　体育館　対象：1年生247名および担任教員等

事前に資料を配付、映像準備、および説明に画像スライドなどを示すためにパワーポイント（パソコンのプレゼンテーション ソフトウェア）を使用。

平和とはどういう状態のことなのでしょうか？

平和とはどういう状態だと思いますか？　単に戦争のない状態が平和でしょうか？

ただ単に、

「戦争反対！　平和が一番！」

と言っていれば平和であるという現実離れした平和観念とは別に、身近な平和を維持する努力を皆さんはしていますか？

皆さんの一人ひとりの心に「平和」はありますか？

いじめ、無視、暴力、差別、セクハラ、パワハラ、悪口、陰口などにつながる思いが心にありませんか？　そのような行為をやってしまったり、あるいは現在やっているということはないですか？

ある沖縄県の子供が、

「クラスにいじめがなくならないで、どうして世界に平和がくるものか！」

と言っています。


国はなぜ戦争をするのでしょうか？　それは「国益」のためなのです。

国は国民の利益や幸福といった「国益」を守ることが使命です。国対国の「国益」と「国益」がぶつかったとき、話し合いが決裂すれば、戦争で解決することになりかねません。

人間関係であれば話し合いで解決できるかもしれませんが、国際関係はそう簡単ではなく、シビアな面があります。それは互いに「国益」を背負っているからです。


ここに大型国A、中型国B、小型国Cがあるとします。大・中・小は軍事力の大小も示しています。この3国は隣接し合っていて、利害の対立があったとします。

仮にあなたが中型国Bの指導者だったとして、B国は軍事力の力関係を利用して、どうすれば戦争を回避できるでしょうか?

答えは、B国が小型国Cと同盟関係を結び、大型国Aに対抗することです。〔B+C=A〕とすることで、両勢力の均衡が保たれ、どちらか一方の圧勝はあり得なくなります。そのことが両勢力に戦争を思い止まらせることになるのです。

逆に、B国がA国と組めば、〔B+A>C〕となり、簡単にC国は滅ぼされ、次はB国がA国に滅ぼされることになります。

パワーバランスの均衡は戦争を回避する一つの方法であり、同盟関係が他国の侵攻を防ぐことになるのです。

現代の戦争は軍隊同士の戦いという形には止まりません。中国軍が名づけた「超限戦《ちょうげんせん》」あるいは「無制限戦争」と呼ばれる「なんでもありの戦争」が現代の戦争です。

9・11テロや北朝鮮による拉致事件もサイバー攻撃も、超限戦という名の戦争です。現代の戦争や紛争の原因は、宗教や民族の対立問題、領土問題、さらには中国などの覇権主義などにあります。戦争回避の話し合いを左右するのは軍事力です。これが現実なのです。

いじめの傍観者はそのまま今の日本のあり方と同じです

「日本は今まで悪いことばかりをしてきた侵略国家だった」と思っている日

本人の心理と、「いじめ自殺」をした子の心理に共通点があるのが分かりますか?

どちらも自分を責め、自分を否定しているところです。

ここに二つの文章があります。いじめで自殺したある少年の遺書の一部を読んでみます。

「僕からお金を取っていった人たちを責めないでください。僕が素直に差し出してしまったからいけないのです」

とあります。もう一つは広島の原爆死没者慰霊碑の碑文です。読んでみましょう。

「安らかに眠って下さい　過ちは　繰返しませぬから」

少年の遺書と原爆の碑文、どこか似ていませんか?　両方とも被害を受けた「自分が悪い」と言っているのです。なんと自虐的なことでしょう。

このように日本人は、教育などで自分の国の否定的な側面のみを教え込まされるために、自分の国を尊重できなくなっています。教える側が、

「日本はどれほど他国を害し、侵略してきたのか」

ということばかり強調しているからです。

日本の平和教育は、戦争の悲惨さや残虐さに対する嫌悪感が育てば、戦争は自然に食い止められる、平和を守る能力や態度は自然に育つと考えているようです。

ここで日本と、日本を取り巻く他国との問題点を挙げてみます。

まず中国は海洋侵攻を含む軍事的脅威があります。たとえば尖閣諸島問題です。韓国は竹島の不法占拠問題です。北朝鮮は日本人拉致問題、核ミサイル問題です。ロシアは北方領土不法占拠問題です。こうしてみると日本は、戦後も決して平和ではなかったことが分かると思います。

日本の政府やマスコミは「ダチョウの平和」型です

ところで、ダチョウという鳥がいますが、天敵を前にすると茂みや砂地に頭を突っ込み、天敵を見ないようにすると言われます（最近の研究では、実際はそうではないようですが)。

ダチョウは、「嫌なものは直視せず、なかったことにしよう」とする性質があるのです。このような考え方を「ダチョウの平和」と呼びます。

ダチョウの平和は外交や国防における日本の姿勢そのものです。

中国は国防費を20年間で20倍に増加させ、防衛をはるかに超えた軍事費と、軍備を増強してきましたが、日本人はこれに対してほとんど問題視することなく、中国の侵略の意図を認めることもなく無為無策でやってきたのです。

そうした日本政府や多くのマスメディアの姿勢は、まさにダチョウの平和そのものです。

一方で、「皿回しの平和」というのがあります。皿回しは、皿が落ちないように常に意識を集中し、バランスをとりながら回し続けます。

国際平和も、皿回しのように常にあらゆる努力を絶やさず、均衡を保つことにより、平和は維持されるという考え方です。日本は滅びるのを待つばかりのダチョウの平和から脱却し、努力を続けて、より安定した状態を保つ皿回しの平和を目指すことが必要なのです。

国レベルでの「皿回しの平和」とは、他国との友好関係を構築し、保持すること、そして国益をはっきりと主張し、他国から攻められないような体制を整備すること、同盟関係維持と防衛力強化の併用または自主防衛体制の構築にあるのです。

明治政府は沖縄の農民を解放し、欧米の植民地支配から守りました

それでは、皆さんが修学旅行に行く沖縄のことについて話をしましょう。まず、沖縄は位置が重要です。

沖縄の周囲1500キロメートル内には、台湾、上海、ソウル、平壌、大阪が含まれ、フィリピンをかすめます（図1）。現在、東アジアの主な紛争の火種が、中国と台湾、韓国と北朝鮮、中国とフィリピン・ベトナム、日本と中国・

図1

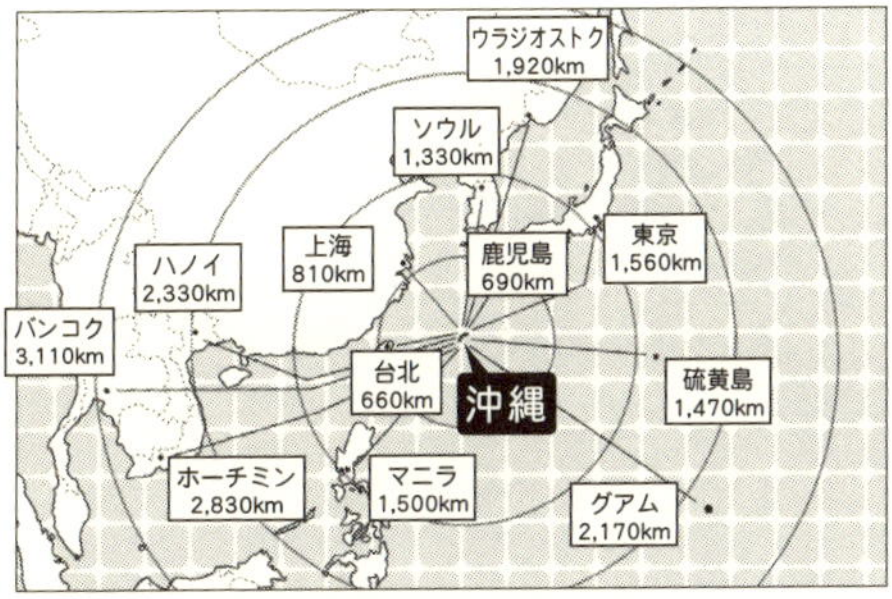

北朝鮮の間にあります。だから、沖縄はその位置関係において極めて重要な場所にあるのです。

沖縄の歴史を簡単に振り返ってみます。

15世紀、沖縄は「琉球」と呼ばれ、国王尚氏《しょうし》が支配する国でしたが、中国――当時は明朝ですが――の属国となりました。農民は土地の私有を許されず、村単位で定期的に移住を強いられ（地割制といいます）、貴族に高い税を吸い上げられ、極貧状態でした。

17世紀になると、琉球は明――後には清朝にとって代わられますが――の属国でありながら、薩摩藩の支配下に入り、貿易を開始、日本との関係が深まりました。

19世紀に入り、植民地化を狙うアメリカ、イギリスなどが琉球征服をたくらみます。現に徳川幕府に開国を迫るアメリカのペリー一行は、直前に琉球を訪れ、琉球王府の制止を無視して無断で那覇に上陸しました。欧米によるアジア植民地化の流れの中で、琉球も植民地化の危機に直面していたのです。

1872（明治5）年、琉球は「琉球藩」となり、日本国の主権下に編入されました。1879（明治12）年、廃藩置県により琉球藩は廃止、「沖縄県」になりました。

明治政府は沖縄県民の私有財産を認め、税率も本土並みに下げ、教育制度を確立するなど、近代化を図ったのです。

琉球の農民たちは、国王の尚一族の悪政「地割制」と重税で苦しめられてきました。沖縄県が設置されたことは、農民にとって奴隷解放を意味するのです。さらに欧米の植民地支配から琉球が守られたことにもなったのです。

筆者注　ここで沖縄の歴史を強調した理由は、修学旅行で「沖縄県平和祈念資料館」を見学するときに、展示物の被害者史観の影響を受けないためのカウンターとしたかったからです。資料館では、薩摩藩支配の時代から今日の基地問題まで、沖縄が日本の犠牲になったという主張の展示物ばかりを見ることになります。

それでは、沖縄戦についてお話しします。

アメリカ軍の侵攻が予想される中で、日本政府は、1944年7月7日、沖縄県に疎開勧告を出し、政府と沖縄県および日本軍の支援で県外と沖縄北部の山岳地帯に16万人の県民を疎開させ、アメリカ軍の攻撃から命を救っています。

この事実を知ってください。

しかし、沖縄本島南部には、疎開勧告に従わない住民が30万人も残っていたのです。住民たちが疎開しなかった理由は、「ガマ」と呼ばれる鍾乳洞がたくさんあり、そこに入れば爆撃をしのげると考えたからです。また、たとえ疎開先に行けたとしても、食料不足の不安がありました。さらに、住民たちは日本軍とともに日本のために戦うという意志がありました。沖縄県民は先祖崇拝の思いが強く、先祖を祀る墓から離れたがらなかったことも理由の一つでした。

これが沖縄戦における一般住民の被害を拡大させた原因にもなります。

沖縄の学童疎開といえば、疎開する途中で遭遇した悲劇がありました。１９４４年8月22日、学童疎開船「対馬丸」がアメリカ軍の潜水艦によって撃沈された事件です（※）。

※那覇港から出航し、鹿児島県悪石島付近で、米海軍潜水艦ボーフィン号が魚雷を打って撃沈。学童775名を含む1418名の民間人が死亡した。死亡者数は2004年8月現在の氏名判明者数。

戦艦大和は沖縄救援に向かう途中、沈められたのです

アメリカ軍の沖縄侵攻についてもお話しします。

1945年3月26日から6月23日の間に、アメリカ軍は沖縄に向けて3800万発の砲弾、ロケット弾を発射し、沖縄の岩場の地形が変形するほどの猛攻で「鉄の暴風」と呼ばれました。ここで、アメリカ軍の記録映画「Battle of Okinawa」(沖縄戦)の一部を見てください。

◆◆◆　上映中　◆◆◆

筆者注　この映像は沖縄戦当時の生々しいカラー映像で、生徒たちは驚き、戦争への恐怖感を抱いたようでした。

沖縄戦は戦闘当初から日本海軍航空隊のアメリカ艦船への特別攻撃があり、

多くの日本本土の兵士が散華しました。

沖縄県出身の伊舎堂用久《いしゃどうようきゅう》中佐は、戦闘開始直後に特攻を敢行しましたが、彼は常々、

「私は、日本兵として、日本兵の家族を守るために戦う」

という意志を示していました。沖縄県出身の軍人が日本人として当然戦っていたことを示すものです。沖縄県出身の特攻隊員が、沖縄県民としてだけではなく、日本国民として日本を守るために戦ったのです。

戦艦大和は沖縄救援に向け、海上特攻を試みるために沖縄に向かっていました。しかし、沖縄へ向かう途中でアメリカ軍の猛攻により轟沈（4月7日）。そのとき、大和は沖縄県民のための日用品などを大量に積載していたとの証言もあり、日本国沖縄県は見捨てられたのではないのです。

日本軍はアメリカ軍の上陸を放置し（無血上陸）、ガマに籠り抗戦する作戦でした。アメリカ軍は、ガマの中にいる日本兵や住民に対して、火炎放射器やガス弾で情け容赦のない攻撃を行ったのです。

5月25日、戦線が南下し、それに伴い南風原《はえばる》陸軍病院に従事していた「ひ

めゆり学徒隊」は、この付近で、本部《もとぶ》、太田、第一、第二、第三の各外科壕に配属されました。ひめゆり学徒は戦火が激しくなる中、傷病兵に対し懸命な看護を行いました。

敗色濃厚となった6月18日、ひめゆり学徒に突然解散命令が出ます。解散後、学徒たちは他の避難民と同じように砲撃の中を逃げ回ることになり、19日、脱出のため、現在ひめゆりの塔がある第三外科壕に集合しました。しかし、そこにアメリカ軍がガス弾をぶち込んだため、46人の学徒と職員が一度に亡くなりました。脱出できた学徒や、軍と行動を共にした学徒にも容赦なく攻撃が加えられ、学徒240人のうち136人が尊い命を失いました。その内の14人は荒崎海岸で自決したのです。

沖縄住民に自決を思い止まらせた日本軍将兵もいました

皆さんが行く沖縄県平和祈念資料館には、ガマの中で泣きやまない赤ちゃんの母親に対して日本兵が「黙らせないと殺すぞ」と脅して銃剣を向けている人形により再現されたシーンがあります（ここで写真を提示）。

軍民が一体となってガマに避難している以上、外に泣き声が聞こえれば、アメリカ兵に分かってしまい、赤ちゃんを含む他の住民たちも攻撃されて命を落とすことにつながります。

そのために「泣き止ませろ」と言うのは当然であり、戦闘の中での一場面を取り上げ、日本兵を悪く描こうとする展示者側の意図が見え見えです。

かつて高校の日本史教科書には、

「（慶良間《けらま》諸島の渡嘉敷島《とかしきじま》と座間味島《ざまみじま》で）軍の命令により住民が集団自決させられた」

との記述がありました。しかし、２００８年度から使用される高校日本史教科書の検定では、

「沖縄戦の実態について誤解する恐れがある」

とする修正意見がつき、「軍命による集団自決」の記述は削除されました。

「軍命による自決」という話が出回った本当の理由は、戦争が終わったあと、

民間人でも「軍命で自決した」ことにすると、「準軍属」（軍属とは軍人以外で軍に属する者）の扱いとなり、遺族は「年金」を受け取ることができたからです。

それで渡嘉敷島の赤松嘉次《よしつぐ》隊長は、「自決は軍命があったことにする」ことを了承したのです。遺族のためを思ってあえて言ったことだったのです。資料を見てください。

●資料　渡嘉敷島隊長の赤松嘉次元大尉に関する証言（2006年8月）

〔真相〕「集団自決者の遺族が、弔慰金や遺族年金を受け取れるようにするために、自決の軍命があったことにし自決者を『準軍属』扱いするという案を琉球政府が考えた。その上で赤松大尉に命令を出したことにしてもらうように依頼して同意を得た。※遺族年金は年額196万円、孫まで受給資格あり」

（照屋昇雄氏＝元琉球政府社会局援護課の証言）

座間味島の梅澤裕隊長は、自決しようと弾薬類を求めにきた島民に自決を思い止まるように説得し、弾薬の支給を断ったという事実もありました。

●資料　座間味島隊長の梅澤裕元少佐に関する証言（1987年3月）

〔真相〕「梅澤氏が座間味島を訪ねた折、梅澤氏に対し、『集団自決は当時兵事主任兼村役場助役であった宮里盛秀の命令によるもので、遺族補償受給のため、弟の自分がやむを得ず隊長命令として申請した』旨の詫証文を書いて署名捺印した」

（宮村幸延氏＝元座間味村役場援護係の証言）

裁判所でも、最近、「集団自決の命令はなかった」ことを認めています。「沖縄集団自決冤罪訴訟」という裁判がそれです。

大江健三郎氏の『沖縄ノート』（岩波書店）と故・家永三郎氏の『太平洋戦争』（岩波書店）という2冊の本が、沖縄戦の集団自決には軍命があったと書き、赤松・梅澤両隊長を悪しざまに罵《ののし》ったことに対し、梅澤隊長本人と赤松隊長の実弟が原告となり、大江健三郎氏と出版元の岩波書店を相手取って名誉毀損の損害賠償を求めたものです。

裁判は最高裁まで行き、判決は原告の敗訴（原告の上告を棄却し結審した）という結果になりました（２０１１年４月21日判決）。

しかし、「軍命」に関しては、最高裁は「真実性の証明があるとは言えない」としたのです。つまり、「集団自決＝軍命」説が否定されたのです。この部分については、赤松・梅澤両隊長は潔白だということです。

筆者注　これに関連して、マスコミは未だに「沖縄集団自決＝軍命」であるとし、沖縄県の「平和教育産業界」や沖縄２紙および朝日新聞は最高裁の見解を無視し続けています。２０１２年６月25日付の朝日新聞社説は、「沖縄慰霊の日――戦争の史実にこだわる」と題して、「旧文部省や文部科学省が高校日本史の教科書検定で、日本兵による住民虐殺の記述の削除を求めたり、集団死への『日本軍の強制』を消させたりした」と書き、「沖縄戦で軍は住民を守らなかった」と言い切り、沖縄国際大学の安良城《あらしろ》米子氏の「それどころか、日本軍の軍事作戦で住民が直接に日本軍に殺害された」との発言まで引用したほどです。

今日生きていられるのは、あの兵隊さんのおかげです

元「ひめゆり学徒隊」の女性の証言と、首里の女性の証言があります。資料を見てください。

●資料　元ひめゆり学徒隊の証言

「壕の中で『もうみんなで自害しよう』と女学生の１人が手榴弾を手にしたら、今まで仲良かった兵隊さんが、刀を片手にすごい勢いで怒鳴った。『お前ら、今すぐここから出て行け！　さっさとしないと叩っ切るぞ‼』。女学生達は泣く泣くアメリカ兵の待つ、壕の外へ出る。壕から少し離れた時に、壕の中から爆音が……。兵隊さん達は女学生達を死なせまいとして、あんなヒドイことを言ったんだ……壕の中から黒い煙がいっぱい出てくる」

（『ひめゆり記念館ガイドブック』より）

●資料　首里の女性の証言

「米軍が攻めてくるとき私は先祖の位牌と共に家で死のうと思い避難しませんでした。そこに住民避難のために家々を回っている兵隊さんが来て、逃げて生き延びろと言い、私を安全なところまで誘導し、軍の食料までくれました。今日私が生きていられるのは、あの兵隊さんのおかげです」

（評論家・惠《めぐみ》隆之介氏より直接聞き取り）

もちろんこのような日本軍の県民に対する自己犠牲ばかりが存在したとは言い切れないと思います。なにしろアメリカ軍の無差別猛攻撃の前で、日本軍は人員も食料も物資も事欠いていました。そのような混乱の中で、日本軍の住民に対する蛮行がまったくなかったとは言い切れないかもしれません。

牛島司令官が自決したとき、多くの県民が悲しみました

沖縄方面根拠地隊長の大田実《みのる》海軍少将は自決直前の電文で「沖縄県民斯ク戦ヘリ　県民ニ対シ、後世特別ノ御高配ヲ賜ランコトヲ」と打電しました。つまり、沖縄防衛、本土防衛のために軍民が力を合わせて戦ったことを伝えた電文です。

戦後、この電文はアメリカ軍が英訳し、「日本の名誉」と名づけて、アメリカ兵に伝えられました。アメリカ軍が敵である日本軍を称えたのです。

沖縄守備隊司令官は牛島満《うしじまみつる》陸軍中将でした。牛島中将は沖縄県民の疎開を熱心に進め、県民に軍の食料を提供しようとしました。

そのため1945年6月23日、牛島中将が摩文仁《まぶに》高地で自決したことを知ると多くの県民が悲しみました。これは今の沖縄では決して語られることのない事実です。

沖縄戦が予想されるときに、大阪から知事として赴任したのが島田叡《あきら》です。

当時、沖縄県知事のなり手が見つからなかった中で、牛島中将に請われて知事を引き受けた島田は、

「誰かが行かねばならぬのなら、頼まれた自分が行くしかない」

と言って、妻を大阪に置いて沖縄県知事となりました。

島田知事は避難する県民の安全と食料の確保に心を砕き、多くの県民から慕われました。最期は避難壕にいる県職員の女性をアメリカ軍に投降させ、自らは指令本部に向かう途中で亡くなったと言われています。

沖縄平和祈念公園内には島田知事と県職員の働きを称える慰霊塔「島守之塔」が建立されています。

筆者注　なお、修学旅行で観光バスのガイドが「島守之塔」を案内することはあまりないようです。

普天間飛行場ができてから人口が増えているのです

次に、沖縄をめぐる今日の問題点を見てみましょう。

まず、沖縄の普天間飛行場ですが、ここはどういう役割があるのでしょうか？　三つ挙げます。

第1に、アメリカ海兵隊が駐屯していることです。彼らはヘリコプターで敵地に侵攻して着上陸を行い、海からの上陸の拠点を築き、本格的上陸の基盤をつくることができます。要人や自国民の保護・救出などに従事でき、自然災害に48時間以内で対応できます。

第2に、基地の存在そのものが沖縄を攻撃しようと思う国を思い止まらせる効果や機能があり、戦争になることへの抑止力を生みます。

第3に、地域の経済発展に貢献しています（基地関連の仕事、借地料、補助金など）。

普天間基地付近の住民はどうでしょう。基地のある宜野湾《ぎのわん》市の人口推移を見てください。

〈宜野湾市人口推移〉

1950年：15、930人
1970年：39、390人
2000年：86、744人
2009年：92、465人

「普天間基地は危険だ」と言うけれど、普天間基地周辺の人口は増加しています。なぜ増えているのでしょう。

普天間基地に「問題点」があると言われているものは三つあります。

第1に、アメリカ軍のヘリコプターの離着陸時の事故の危険性、第2に、アメリカ兵の犯罪、第3に補助金や借地代に頼りすぎて経済が発展しないことなどです。

この中で、アメリカ兵の犯罪について、沖縄県刑法犯罪件数を見てみましょう。

〈沖縄県の犯罪検挙件数〉

２００９年度……５、５６３件　→２０１１年度……５、０５８件

〈沖縄県の犯罪発生率〉

２００９年度……０・４％　→２０１１年度……０・36％

〈在沖縄米兵の犯罪検挙件数〉

２００９年度……50件　→２０１１年度……42件

〈在沖縄米兵の犯罪発生率〉

２００９年度……０・19％　→２０１１年度……０・15％

次に、騒音や事故の危険から普天間返還が叫ばれていますが、普天間飛行場とその周辺の写真を見てください（写真を提示）（図２）。

１９７０年時と２００９年時のものです。一目瞭然です。

もともと民家も学校もなかったのに、基地関連の職を求めて人が集まり、学校もつくられるようになったのです。

これは普天間第二小学校のすぐ上をアメリカ軍機が離発着する写真です（写

図２　1970年時と2009年時の、
空から見た普天間飛行場とその周辺。

1970年時の普天間飛行場とその周辺（民家や学校はほとんどない。この写真では、沖縄が日本返還前のため、普天間基地の部分が墨塗りとなっている）

2009年時の普天間飛行場とその周辺（何もなかった基地周辺に、民家や学校ができてくる）

真を提示)。

この普天間第二小学校をもっと安全な場所に移設しようという話がありました。ところが、基地反対派が運動して頓挫したのです。なぜ反対派が反対したのでしょうか?

それは普天間第二小学校をあえてそのままにしておくことによって〝基地反対の象徴〟にしようという反対運動家・活動家の思惑が反映されていたのです。

普天間第二小の小学生たちにとってはとんでもなく迷惑なことです。ある意味で、小学生が基地反対運動家たちの犠牲になっているのです。

それでは、普天間飛行場の辺野古移設に関して話をする前に、「国防と沖縄県」についてお話しします。

なぜ沖縄をはじめ、日本には普天間飛行場のような米軍基地があるのでしょうか?

それは日本が自分の力で国を守れないからです。それでアメリカ軍に守ってもらうことになっているのです(日米安全保障条約)。

在日米軍基地の約24％が沖縄にありますが、なぜ沖縄に米軍の基地が多いのでしょうか？

沖縄は戦後アメリカに占領されていたためです（1972年まで）。しかも、先ほどのように沖縄は地理的に大変重要な位置にあります。沖縄県西南諸島の防衛地点にあたり、紛争が予想されるアジア地域に近いのです。

大切な課題は沖縄の負担軽減と日本・東アジアの平和維持の両立なのです。

尖閣諸島は日本の領土です

次に、普天間飛行場を名護市辺野古に移設しようとしている経緯について説明します。流れを見てみましょう。

1996年　普天間移設について、日米合意（翌年、名護市長も同意）。
2006年　移設先を名護市辺野古とし、2014年までの代替施設完成を目標とする。沖縄県、名護市もおおむね合意。

2009年　日米合意を無視し、「最低でも県外（移設）」を選挙公約にして衆議院選に勝利し、政権樹立した民主党・鳩山内閣が誕生。沖縄の辺野古移設に反対する声が大きくなる（大混乱が起きる）。

2010年　5月、鳩山首相、国防上（抑止力）および普天間の安全上の理由で日米合意に戻る（さらに大混乱が起きる）。

本当なら、辺野古移設により、他の五つの米軍施設（人口密集地）も返還予定で、沖縄の負担軽減も図られるはずだったのですが、鳩山元首相によって、大混乱を招いてしまったのです。

筆者注　この部分について、あとから何人かの教員が来て、「大変勉強になりました」「今まで聞いたさまざまな講演の中で一番興味深かったです」などの感想を寄せてくれました。

次に尖閣諸島の写真と地図です。ここにかつては日本人が居住し生活していました。明治時代の鰹節工場跡と沖縄県石垣市の標識の写真があります（写真を提示）（図3）。

図3

明治30年代の尖閣諸島魚釣島の鰹節工場前での記念写真。中央に国旗が掲揚されている。

沖縄県石垣市の尖閣諸島は、日本の領土です。

中国が尖閣諸島の領有権を主張したのは、1971年頃からであり、それ以前は中国の地図には尖閣諸島は日本領として表記されていました。

なぜ中国が領有権を主張しだしたのかというと、1968年に国連ECAFE（アジア極東経済委員会）が調査して、尖閣諸島の海底の地中に莫大な石油と天然ガスが埋蔵されていることが分かったからです。

２０１０年9月7日に起きた、尖閣諸島沖における中国漁船体当たり事件の映像を見てみましょう。

◆◆◆ 上映中 ◆◆◆

いかがでしたか。この海上保安庁の巡視船「みずき」に衝突した中国漁船の船長をはじめとする中国の船員たちは、そのあと、なんのお咎めもなく、中国に送り返され、船長は中国で英雄扱いされているのです。

中国は太平洋全域の支配を考えているのです

それでは中国に実際に侵略された周辺諸国の実例を紹介しましょう。

南モンゴル、チベット、東トルキスタンはかつて独立国でしたが、中華人民共和国の人民解放軍が侵略しました。

これらの国々は、それぞれ内モンゴル自治区（1949年〜）、チベット自治区（1965年〜）、新疆《しんきょう》ウイグル自治区（1955年〜）などと、今では中国の自治区となってしまっています（図4）。中国人は現地民族に対して大虐殺、人権侵害をはじめとする弾圧を行ってきて、今も行われています。

とりわけ新疆ウイグル自治区では、中国が1964年から96年まで30年以上にわたってロプノール核実験場で46回におよぶ地上での水爆実験を行いました。

図4

その結果、のべ死者約19万人、被爆者約120万人を出したと言われています。

私が子供の頃、

「雨に濡れるとはげるぞ」

とよく言われたものでしたが、中国の新疆ウイグル自治区の水爆実験で生じた放射能が、風で日本に運ばれ雨滴に混じって落ちてきていることが分かっていたからなのでしょう。

　さらに中国外務省から流出したと言われる「２０５０年の中国国家戦略」地図があります。地図を見てください（地図を提示）（図5）。

　沖縄県全域が「琉球自治区」、本州の西日本が「東海省」、東日本が「日本自治区」に色分けされていますね。これに関連して、２０１１年9月15日付の中国系新聞あるいは雑誌には、「中華民族琉球特別自治区委員会」が成立したことを伝える広告が掲載されました。

　沖縄が中国の領土で「琉球特別自治区」として扱われているのです。

　尖閣諸島に対する中国の姿勢は、単に尖閣諸島に止まるものではなく、グアム島より西側の太平洋全域の支配を考えているのです。中国は、奄美諸島、沖縄諸島から東シナ海、南シナ海までを「第1列島線」と称する軍事的防衛

図5

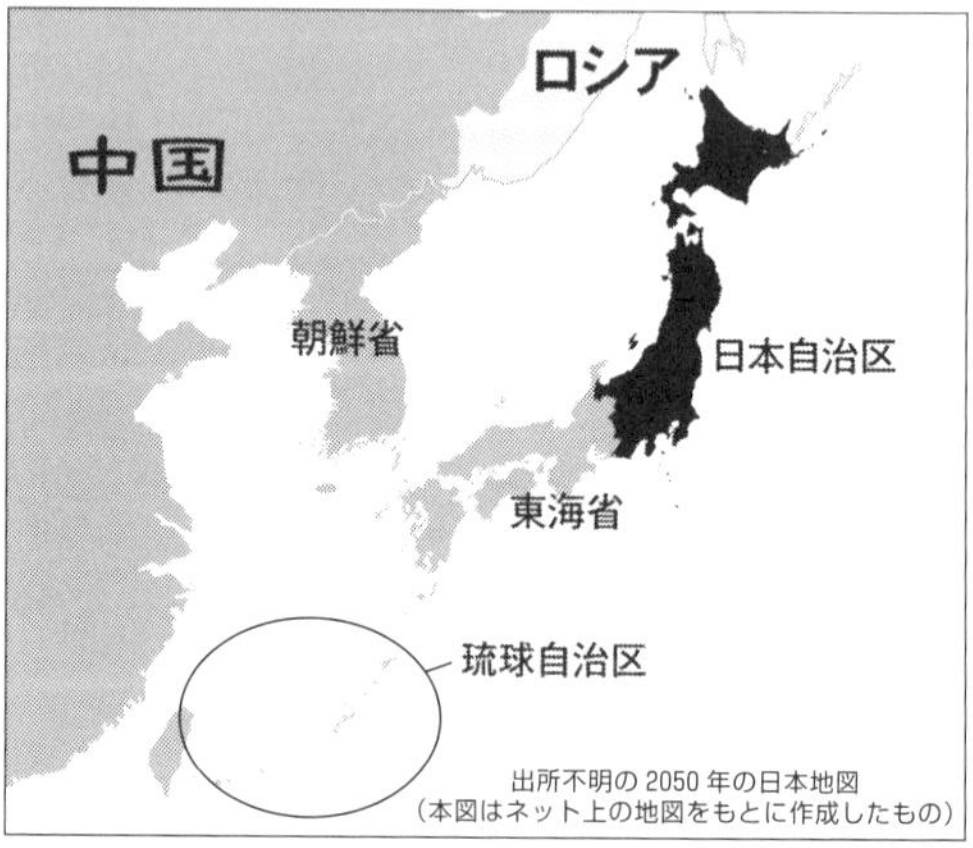

出所不明の2050年の日本地図
（本図はネット上の地図をもとに作成したもの）

ラインで支配下に置き、その後、小笠原諸島からグアム島を含むマリアナ諸島より西側をカバーする「第2列島線」までの範囲を支配する計画を持っています（地図を提示）（図6）。

脱原発の主張が騒がしい今日この頃ですが、エネルギー安全保障の観点から、中国の海洋侵攻は日本に大きな危機をもたらします。中国がシーレーン（海上交通路）を押さえてしまったら、日本に石油は入ってこなくなり、とたんに日本はエネルギー危機に陥ります。

これは中国の核搭載中距離ミサイル「東風《とうふう》21号」です（写真を提示）（図7）。

中国は潜水艦や空母の建造・購入に力を入れ、第2列島線以内の支配を考えているのです。さらに「東風21号」は多弾頭搭載可能核ミサイルで、現在、日本の主だった都市に照準を合わせています。

図6

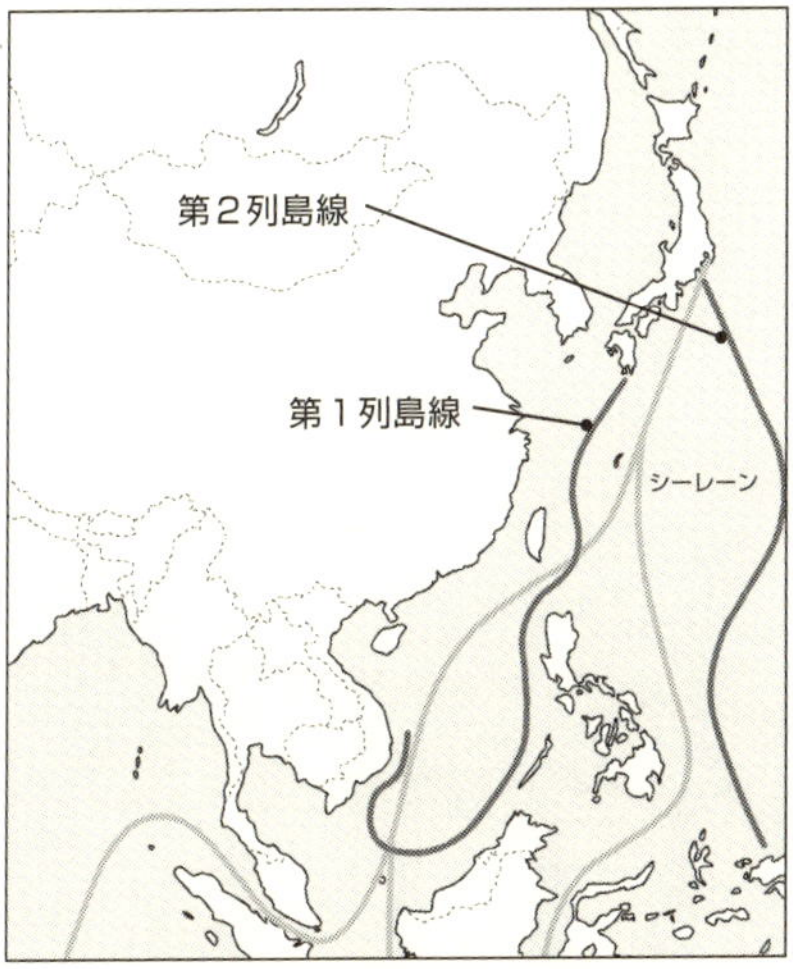

フィリピン、ベトナムなどは、南シナ海のスプラトリー（南沙《なんさ》）諸島の領有権をめぐり中国と争っていました。そのような中、１９９２年、フィリピン議会は僅差で米軍基地の撤去を決定しました。

それに基づきアメリカ軍のスービック海軍基地、クラーク空軍基地がフィリピンに返還され、アメリカ軍は撤退しました。すると１９９５年、中国軍がスプラトリーの岩礁に足場を築き、建造物を造り、中国軍人を住まわせ、あっという間に実効支配をしてしまったのです。

図７　東風21号

北朝鮮が日本人を拉致したことは「侵略」にあたります

次に北朝鮮です。北朝鮮は中国と同様、独裁国家です。北朝鮮は、最悪の圧政によって、国民の人権は侵害され、軍事優先の結果、多くの国民が飢餓状態になっています。

その一方で、北朝鮮はミサイルや核兵器の開発を行い、東アジアの危機の要因になっています。そして日本人としては許すことのできない拉致問題があります。

2002年の小泉首相訪朝の際、故・金正日《キムジョンイル》総書記は、

「拉致は私が国家機関に命じてやらせた」

と白状しました。

国家の元首が、国家機関を使い、日本人を拉致させたということは、国際社会の常識では「侵略」にあたります。つまり日本は北朝鮮から侵略を受けたのです。そして、憲法9条があっても「拉致」は防げなかったのです。

それではここで、アニメ「めぐみ」（監督／大森英敏、企画・制作／政府拉致問題対策本部）の抜粋映像を見てもらいましょう。

◆◆◆　上映中　◆◆◆

いかがでしたか。横田めぐみさんのご両親の活動や想いがよく伝わったかと思います。

ここに、日本国憲法の前文があります。

「平和を愛する諸国民の公正と信義に信頼して、われらの安全と生存を保持しようと決意した」

こう書いてあります。

日本近隣の国々を信頼していれば、日本の「安全と生存」が保持されるのでしょうか？

さらに、日本国憲法第13条（個人の尊重）を読み上げます。

「すべて国民は、個人として尊重される。生命、自由及び幸福追求に対する国民の権利については、公共の福祉に反しない限り、立法その他の国政の上で、最大の尊重を必要とする」

この個人の尊重を見る限り、北朝鮮の「拉致問題」を放置している日本政府は憲法違反をしています。日本は日本国憲法のこの条文を根拠に、拉致被害者を連れ戻すべきです。

最後に、次の文章を読み上げて、締めくくりとします（スライドにも提示）。

平和が大事なことは言うまでもありません。
現実の中で戦争を防ぐためには国は、政治家はどうするべきか。
また、政治家を選ぶ国民はどう考えるのか。
将来のために、幅広く国内外のことに関心を持って勉強してください。
世界の平和に貢献するには

1　個人レベル　＝　自分の国のよさを充分知った上で、国際交流をする。
そして心の平和。

2　国レベル　＝　他の国々の紛争を解決するために、日本を繁栄・発展
させ発言力を増す。

この二つです。
以上で、私の話は終わりとします。

「こういう授業を受けたかった！」

1時間半を超える講話中、生徒たちは、体育館の床に直に座ったままでしたが、画像や映像の効果もあり、集中して真剣によく聞いてくれました。

事前アンケートでは、「日本軍は悪かった」との認識を持つ生徒はたくさんいました。「戦争における日本のイメージはどのようなものですか？」という問いかけに対して、4割弱の生徒が「悪いことばかりした」「どちらかといえば悪いことばかりした」と答えていました。反対にプラスの評価をしたのは7・7％にとどまりました。

私の講演を聴いて、どんな感想を持ってくれたでしょう。講話のあと、生徒全員に感想を400字詰め原稿用紙に書いてもらいました。その感想のいくつかを紹介しましょう。

〈生徒たちの感想より〉

日本の正しい歴史を知って、感謝の気持ちが湧いた

●「国民のため、沖縄県民を守るためなどと、人間を守ろうと戦った人も少なからずいたのだろうと思いました。ぼくは、そのような方々に、感謝し、誇りに思いたいと思いました」

●「昔のことを考えると、沖縄に行ったときに、戦争で亡くなった方々に祈りや感謝をささげなければならないと私は痛感しました」（同様の感想多数）

●「今の自分があるのは、昔、過去の人たちがいたから……戦ってくれたから……だと今回改めて感じました。感謝の気持ちをこれからは持ち続けようと思います。日本は他の国から見ても尊敬される素晴らしい国です」

●「戦場の沖縄県知事、島田叡さん。『誰かがどうしても行かなければならんと言われれば、言われた俺が断るわけにはいかん』という言葉にとても心打たれました」

日本のメディアが伝えないことを知って驚いた

●「（普天間問題に関して）私は今までメディアのいうことを信じていましたが、間違いだと気付きました」

●「県民のしゅうだん《（ママ）》自害は、軍の人が命令していなかったことを知っておどろきました」

●「（戦争など）授業やニュースとかでやんないことが知れてよかった」

●「印象に残ったことは『パワーバランスが大切』ということです。次に普天間基地のことです。たくさんの民家があった所に造られたのかと思っていたら、逆で、普天間（飛行場）の方が先に造られていたのに驚きました」

●「私は今日初めて、（尖閣諸島漁船衝突事件の）流出した映像を見ました。政府はなぜ事実を国民に伝えなかったのか」

自分の考え方やものの見方が変わった

●「この講演を機に一つの観点から物事を見るのではなくて、いくつか視点を変えてみたり、色々な意見を聞いて調べたり、学ぼうと思いました」

●「アメリカ軍基地は移動した方がいいと考えるのですが、今日の話を聞いて抑止力になっていると分かったので、自分の考えをもう一度改めてみようと思いました」（同様の感想多数）

●「日本軍は沖縄県民を守らなかった、というわけではないんだと、知りました。（拉致問題に関して）日本は平和なわけではないんだなと感じました」

●「沖縄の基地の意味が分かった」

●「ついさっきまでは、沖縄に基地をつくるのに反対だったけど、東日本大震災での『トモダチ作戦』を思い出してすべてが悪いことではないことに気づかされました」

●「印象に残った事は『ダチョウの平和』と『皿回しの平和』です。やっぱり平和は努力があっての平和だと思いました」

中国の脅威がよく分かった

●「ひめゆり学徒隊の人達は、すごいし強いなと思いました。それから中国はひどいと思いました。（尖閣諸島に）石油があると分かったとたん、いきなりここは中国の領土だというのは」（同様の感想多数）

●「中国はひどいと思う」

●「中国は政党が1つしかないことや、せんかく諸島の問題を詳しく知れたのでよかったです」

●「今の日本は危ない状況なんだと思いました。（アメリカ軍を）もし追い出してしまうと、中国軍が沖縄を占領してしまうおそれがあるんだと分かりました」

北朝鮮の日本人拉致について分かった

●「（北朝鮮は）日本人を拉致して、両親には他人の骨を送って死んだと言っていたり、やることがひどすぎるなと思いました」

●「横田めぐみさんの動画を見て胸が苦しくなりました」

（その他、拉致問題に対する憤りの感想多数あり）

日本人は自虐的だと分かった

●「日本軍は悪いことばかりしたと思っていたが、そうではないことを知った」

●「日本の軍人さんは、沖縄県民のことをとても気にかけ、守っていたと知り、うれしかったです。また、同時に、私は、この事実を知らなかったら、日本軍の人たちは、悪い人だと大人になっても考え、伝えていたかもしれないと思うと、こわいなと思いました」（同様の感想多数）

●「中学校、小学校で習った歴史は『日本がすごく悪い』みたいにおそわったけれど、けっこうそうでないことがわかった」（同様の感想多数）

●「一番（印象に）残っているのは、日本は悪いことばかりをしていたのではなく、他国を救ったこともあるということでした」（同様の感想多数）

●「日本人は良く言えば謙虚で、悪く言えば自分と自分の国のことが嫌いなのかな……と思いました。米軍問題については、沖縄に住んでいないから言えるけど、日本に残って欲しいです」

「長い時間だったが、初めて聞く話ばかりで時間が経つのも忘れた」「こういう授業を受けたかった」などの感想が多く見られました。同時に、「小・中学校時代に『日本軍はひどいことばかりした』と教わってきた」と感想を書いた生徒が多数いたのが目を引きました。

対象は本校の一学年に過ぎませんが、小中学校における自虐史観教育の一般的傾向が読みとれると思います。自虐史観恐るべしです。

この講話で日本軍将兵への悪印象は少しは払拭できたのではとホッと胸をなでおろしました。どこまで内容を理解してくれたのかは分かりませんが、これまでの「平和教育」に一石を投じたと思います。

第3章

生徒を自虐史観に染め上げる修学旅行の実態

ひめゆりの塔にて献花する生徒たち

2012年10月20日　沖縄平和祈念公園にて

修学旅行直前の左翼映画上映会を食い止める

「沖縄から平和を考える」講演後、私は沖縄修学旅行の引率責任者でもあったので、講話の効果が消えないように、生徒たちにさらに「ワクチン」を打ちました。

事前学習として、わが校では例年、「GAMA《ガマ》――月桃《げっとう》の花」という沖縄戦を扱った映画を見せていました（生徒一人あたり800円の料金徴収）。内容は日本軍を完全に悪者扱いし、軍命による集団自決を思わせる描写まで出てきます。

この映画が怪しいのは、DVD等で一切市販化されておらず、フィルム（8ミリフィルム）、映写機、技師まですべてこの映画を管理する業者による持ち込み企画だということです。

インターネットでこの業者について検索してリンク先を調べていくと、社会主義の実現を標榜《ひょうぼう》する市民団体と「無防備都市宣言」を全国に推進する団体に行き着きました。お里が知れるとはまさにこのことです。

私は学年主任を説得し、この映画の2012年度の上映を止めてもらいました。すると学年主任から、

「代わりに何かいい映画はありませんか?」

と問われました。

そこで自分なりに探したり、知人に聞いたりしましたが、なかなかふさわしいものが見つかりません。現存するものはほとんどが自虐史観に基づいており、事実に反する内容のものばかりだと分かったからです。

私は、BS放送の番組「未来ビジョン　元気出せ!ニッポン!」(BS11デジタル)で評論家の惠隆之介氏が出演して沖縄問題について語った映像と、ジャーナリストの仲村覚《さとる》氏が沖縄基地問題を公平な立場から語った映像を使わせていただくことにしました。そして生徒たちに見せ、私自身が解説を加えたのです。

つくづく思ったことは、沖縄の修学旅行に際し、沖縄戦を含む沖縄の歴史を公平に描いた、自虐史観に染まらない視聴覚教材が必要だということです。

さもないと、修学旅行に行く生徒たちは事前学習の段階で左翼勢力に「下ごしらえ」され、現地で洗脳が完了してしまうのです。現実に今日もそのような営みは続いていま

す。左翼の洗脳構造は粉砕しなければなりません。

旅行のしおりや前日集会でさらに「ワクチン」

沖縄に行けば、観光バスのガイドやガマのガイドたちが修学旅行生に対して、

「日本軍は住民をガマから追い出した」
「日本軍が住民から食料を奪った」
「日本軍が住民たちを虐殺した」

というメッセージしか伝えないでしょう。これでは、ある少数が何か悪事をはたらけば、その全体が悪事をしたと見なされることになります。沖縄県民を、そして日本国民を守るために戦い、散華した英霊たちに対して失礼であると思います。そのような「偏向平和教育」に対するワクチンとして、さらに修学旅行の「しおり」にあいさつとして、私は次のような内容の文章を書いて載せました。

「沖縄では、現実的な平和の維持についても考えてください」

学んでほしいことは平和の維持についてです。沖縄県は67年前に終わった大戦でアメリカ軍の猛攻撃を受け、九州や沖縄本島北部に疎開しなかった県民は、日本軍とともに戦闘に巻き込まれました。沖縄戦では残った県民と日本の軍人それぞれ約9万4000人が亡くなりました。

この戦争について、沖縄県を訪れ、見聞するものの中には、

「日本軍は住民を守らず、悪いことばかりした」

など必ずしも事実でないことや一方的な観点から述べられているものもあります。

戦争には二度と巻き込まれたくはありませんが、戦争について学び、

「平和が第一」

と思うだけでは平和は維持できません。

その例として、最近の沖縄県石垣市の尖閣諸島に対する中国の姿勢があります。中国政府はその領有権を主張し漁船や監視船などを尖閣近くに差し向けたり、中国国内でデモを行わせるなどして日本に圧力をかけています。

中国政府は、かつて尖閣諸島は日本領土と認めていましたが、資源と海洋侵攻のために自国領と言い出しました。今日では沖縄県も中国のものであると主張しています。

このような状況下で沖縄県に行くことで、現実的な平和の維持とはどのようなことなのかを各自が考えるきっかけとして下さい。

平和維持のために力を尽くしている海上保安庁や自衛隊の仕事にも目を向け、さらに、沖縄県のアメリカ軍基地移設問題に関しては、現実を踏まえた幅広い視点から各自の考えを持つことを望みます。

「本県立○○高等学校2012年度沖縄修学旅行しおり」のあいさつより

修学旅行前日、私は学年集会で旅行に行く2年生全員と引率教員に対してさらに話をしました。

「修学旅行では尖閣諸島についても問題意識を」

明日、修学旅行の初日に皆さんが訪れる平和祈念資料館では「日本兵が住民の食料を奪い、避難壕から追い出した。日本兵が住民を虐殺した」

というような意味の内容が示されています。

しかし、アメリカ軍による、3800万発の砲弾とロケット弾や火炎放射器による無差別攻撃の中、決死の突撃をしようとする日本軍兵士が、見ず知らずの住民（女性や子供）に持てるだけの食料を与え、避難をするよう説得したという事例はたくさんあります。

そのことをなぜか資料館では触れていません。

戦争は悲惨で避けるべきものですが、当時戦っていた軍人、協力した人々は、国を守るため、日本人を守るため、将来の日本人のために戦い、あるいは戦闘に巻き込まれたり、アメリカ軍に追い詰められ自決するなどして亡くなりました。

中国が沖縄県の西南諸島付近に、ついに軍艦を繰り出し始めた今日、沖縄に修学旅行に行く以上、沖縄県石垣市の尖閣諸島についても問題意識を持ってもらいたいと思います。

本県立○○高等学校2012年沖縄修学旅行前日の集会あいさつより

生徒も教員もよく聞いているようでしたが、どのように受け止めてくれたでしょうか。

翌日はいよいよ修学旅行本番、沖縄入りです。

〝反日反米〟一辺倒の沖縄観光バスガイド

10月20日、沖縄修学旅行の日がやってきました。

那覇空港に到着し、観光バスに乗り込みます。私は1クラスのバスに乗り、バスガイドさんの話を聞いていていましたが、2泊3日の間、彼女が話した内容のなんと7割が沖縄戦と米軍基地問題のことでした。

しかもその基調は、日本軍の非道ぶりと米軍基地のマイナス面を強調するという、〝反日反米〟一辺倒のガイドぶりです。

「県民の反対にも関わらず、普天間にオスプレイが12機配備されてしまいました」

と、バスガイドさんは言いました。

オスプレイよりも40年前につくられた現行の旧型ヘリコプターのほうが老朽化していて、事故につながる危険があることを、このガイドさんは知らないのでしょうか。

オスプレイは航続距離、積載量、速度ともに現行ヘリより数段上です。中国は、その優れた性能を恐れてオスプレイ沖縄配備に反対しているのです。

ガイドさんは、この事実を知らないのでしょうか。

あるいは、知った上でガイドさんは言っているのでしょうか。

オスプレイ反対運動は、沖縄県内外の〝プロ市民〟と呼ばれる活動家が先導し、沖縄の新聞2紙がそのお先棒を担いでいるだけです。ガイドが続きます。

「基地周辺に民家がたくさんあるにも関わらず、基地はなくならず、沖縄県民だけが犠牲になっています」

と、今度は「軍命による沖縄集団自決」についてバスガイドさんは触れてきました。

最近は、教科書から「軍命」が削除されたことを受け、「集団強制死」「無言の軍命令」などと表現しています。これに対し、沖縄では2007年9月、教科書で日本軍強制の記述を求める集会「教科書検定意見の撤回を求める9・29県民大会」が開かれました。この集会をバスガイドさんがわざわざ取り上げてきたのには驚きました。

「集団自決はなかったという教科書検定に対して反対する県民大会には、11万人もの人が集まりました」

などと主催者側の発表数をそのまま言っていましたが、実際は2万人弱だったのです。

「軍命令はなかったとされましたが、無言の（自決）強制はあったんです」

と、ガイドさんは自決強制を生徒たちにひたすら刷り込みます。

「中国が尖閣諸島の領有を主張した」話が、ひと言も出ない！

バスガイドさんの沖縄県＝被害者意識的なガイドがさらに続きます。

バスが米軍基地のそばを通ると、

「基地周辺は騒音と米兵の犯罪に苦しんでいます」

「米兵はスピード違反や交通事故を起こしても、お咎めなしなんです」

「米兵の犯罪が多い」

などとネガティブなことばかり言うので、気が気でありません。アメリカ軍の果たす役割を公平に評価することなど皆無です。

ちょうどこの当時、２０１２年秋は、中国が尖閣諸島領有を強烈に主張し、領海侵犯をさかんに始めた頃で、大変厳しい状況にありました（今もそうですが）。ガイドさんも沖縄県民ですから、当然この尖閣の緊迫について触れるものだと私は思っていました。

ところが、最後まで尖閣の話題はたったのひと言も出てこなかったのです！

バスが那覇港に通りかかったときは、停泊中の海上保安庁の比較的大型の巡視船が右手に見えました。その日も中国船が沖縄県の西南諸島の接続水域を通過したとのニュースが流れたばかりで、緊迫した状態が続いていたのです。

しかし、バスガイドさんは海上保安庁の巡視船のことなど一切触れません。

「アメリカは那覇軍港をなかなか返還しないのです」

とひたすら反米です。この中国に対する危機感のなさはいったい何でしょうか。地元の沖縄県民が何も言わなければ、生徒たちは尖閣に対する中国の侵攻を軽く見てしまう可能性があります。

沖縄平和祈念公園に到着すると、今度は、

「朝鮮人が1万人日本に強制連行され、女性は日本軍により従軍慰安婦にされました」

とガイドさんは説明しました。どこまでも左翼史観、自虐史観のガイドぶりです。

私はタイミングを見て、バスガイドさんに聞いてみました。

「あなたはどのようにして沖縄戦のガイド内容を学んでいるのですか?」

「バス会社が招いた大学の先生や郷土史家から講義を受けています」

バスガイドさん自身の考えではなく、「有識者」の見解を学び、それを伝えているだけのようです。この「有識者」こそ曲者《くせもの》で、「沖縄修学旅行生洗脳計画」工作員の一部なのです。結果的に中国に一方的に有利な、反日・反米・親中(媚中《びちゅう》)の観光ガイドとなるのです。

反日的な話をまくし立てるガマの案内人

続いて、「クラシンジョウ」のガマ(八重瀬町)を訪れました。

沖縄戦でガマは避難壕、病院壕の役割を果たしたところで、しばしばアメリカ軍の激しい攻撃を受けています。日本兵と県民が一緒に避難し、ひめゆり学徒隊のような看護をする少女たちもいたところです。

ガマに行くと、60代と思われる地元の女性案内人が待っていました。

戦傷者が多く、亡くなる方も少なくなかったガマは、いかに水、食料、薬品等に事欠き、悲惨な状況であったかを案内人が語ります。

そしてガマの入口に立つと彼女は一方的にまくし立ててきたのです。

「戦争は悲惨だ」

「日本軍は沖縄の住民の家に手榴弾を投げ、住民を殺した。生き残っている人がいるところに戻ってきて、また手榴弾を投げた」

「日本軍は住民が邪魔になり、自殺するよう命令し、自殺させた」

「アメリカ軍と日本軍は5対1の勢力なのに、日本は戦いをやめず、住民を戦争に巻き込み犠牲にした」

「沖縄の住民は、アメリカ兵に殺されるならば諦めもつくが、日本兵に殺されたので死んでも死にきれない」

「いじめたほうはすぐ忘れるが、いじめられたほうはいつまでも忘れない。日本は中国や朝鮮でひどいことばかりしてきた。朝鮮人を強制連行し、女性は従軍慰安婦として日本兵が犯しまくった」

「中国の日本軍のいるところには慰安婦のいる施設が各地につくられた。こんなことをするのは日本だけだ。だから韓国は日本大使館の前に慰安婦の像をつくったんだ。沖縄戦でも朝鮮の女性が綺麗な格好をして日本軍と一緒にいた」

「中国で聞いてきたが、日本軍は中国各地で中国人を殺しまくった。女性は手当たり次第レイプした」

「沖縄は戦後も米軍の基地がたくさんあり、犠牲になっている。アメリカは戦争をしなければお金にならない国だ。そんな国に日本は利用されている。騙されている」

「あんたたち、なぜ勉強するか分かるか？　戦争に駆り出されそうになっても騙されないようになるためだ」

私は黙って聞いていましたが、8割がた史実を無視した反日的内容の話に怒りを覚えました。しばらくは抑えていましたが、ついに我慢できず、

「めちゃくちゃ言ってる！」

とつぶやいてしまいました。生徒数名と引率のクラス担任が驚いて、私を振り返りました。

ガマの中に入ると、案内人の女性は生徒たちが持つ懐中電灯を消させます。

「この中では、瀕死の重傷を負った日本兵が運び込まれ、死ぬ間際に、『お母さん！お母さん！』と声を上げたんだよ。人間、最後はお母さんなんだよ」

暗闇の中でタチの悪い怪談話のような話し方で生徒を脅かします。演出たっぷりの語り口に女子生徒の数人が泣き出しました。生徒たちの中には霊的なものを敏感に感じ取って、ガマの中に入れない者も出てきます。

ガマの具体的な説明はほとんどなく、反日的で自虐的な話をして、生徒を恐怖心に浸らせ、戦争の悲惨さを強調しただけでした。

ガマから出ると、その案内人は生徒を海の見える東屋《あずまや》に集め、説教を垂れました。いろいろ言っていましたが、一番私が印象深く聞いたのは次の言葉です。

「日本は憲法9条があるから守られてきたんだよ」

これは日本共産党系護憲団体の「九条の会」の言い分そのものです。教育活動の一環の修学旅行の場において、このような政治的に偏った話をするとは許せませんでした。

ガマのガイド団体には「主体思想」が入り込んでいる!?

案内が終わり、生徒が次の場所に向けて出発するためにバスに乗り込むほんの短時間を捉えて、私はその案内人に声をかけました。

「自分は日本史を専攻し、近代史を勉強していますが、あなたから伺った内容と少し違います。日本軍の中国での蛮行の話は、中国人から聞いたものではありませんか？」

「それもありますが、私の父も戦争で中国に行き、帰国後、話を聞きました」

と案内人の女性は答えます。歴史を政治手段として利用する中国人の話と、父親の個人的な話の二つだけを根拠に日本軍を一般化して決めつける手法に私は呆れました。

さらに私は、

「憲法9条が日本を守っているとおっしゃいましたが、日米安保のおかげで日本が守られているとの見解もある。あなたの個人的な見解だけを高校生に押しつけるのはやめてもらいたい」

と言うと、女性は、

「分かりました」

と頭を下げました。私は万死に値する説明だと思いました。

実は、ガマのガイドグループの中に危険な思想につながるものがあることを私は調べて知っていました。

ガマのガイド組織は三つほどあるようですが、その中に「主体《しゅたい》思想（チュチェ思想）」を日本で研究している団体が関与するグループがあるのです。

主体思想とは、北朝鮮および朝鮮労働党の政治思想です。そのグループは、反日反米の旗振り役をしている大学教授や元高校教員を招いて講演や講義を行い、それをガマ案内人志望者たちに聞かせた上で、実際に戦跡に行かせ、試験を行い、案内人の資格認定をしているのです。

修学旅行で戦跡を訪ねれば、生徒も教員も現地の人の生々しい話には聞き入るものです。バスガイドの説明とともに、ガマのガイドから何を吹き込まれるのか心配でなりません。

「日本は侵略戦争」「沖縄県民を犠牲にした」

ガマ見学の後に、沖縄県平和祈念資料館を訪れました。資料館の展示物や解説パネルはやはり反日反米への誘いに満ち満ちていると改めて思いました。

資料館の「設立理念」からして、

「（住民は）追い詰められて自ら命を絶たされた」

と明記されており、ひたすら日本の戦争は侵略戦争であったことを印象づけ、本土の日本人は沖縄県民を差別し、犠牲にしたという論調です。

ガマの案内人の説明、バスガイドの解説、資料館の展示などを現地で実際に見聞すれば、よほど知識や見識がない限り、生徒たちはすべて鵜呑みにするでしょう。

「米軍基地は沖縄から出ていけ」

「戦争反対、平和が一番」

という短絡的な反戦平和主義の思考に簡単に洗脳されてしまうのも当然です。

そして中国の危険性など考えることもできず、中国が侵攻してきたら、「私たちは戦争反対ですから、中国軍を無抵抗で受け入れます」などという〝奴隷の平和〟を選ぶ国民（共和国人）に育ちます。

沖縄修学旅行を喜んでいるのは、中国政府であり北朝鮮政府でありましょう。

しかし、修学旅行を計画し、引率する教員にはほとんどそういった問題意識も危機感もありません。高校の管理職も同様です。保護者から高額のお金を集め、それを使って偏向教育を行うことなど、公教育に許されるのでしょうか。

私はガマの案内人団体、バス会社に抗議しようと思い立ちました。

沖縄の観光バス会社に抗議文を送付

修学旅行から戻ると、さっそく私は実名で観光バス会社とガマのガイド団体に抗議文を書いて送りました。以下がその内容です（会社名など個人名は伏せ、一部カットしました）。

［観光バス会社への抗議文］

（株）○○バス交通　代表取締役社長　△△ △△ 様　本社観光部長 様

今回このようにお手紙を差し上げますのは、御社のサービスそのものに対してではございません。バスガイドさんの説明内容についてでございます。

はっきり申し上げて、私は修学旅行の引率責任者として憤っております。

その理由は、ガイドさんのお話の半分以上が、沖縄戦と米軍基地の問題についてだったからです。しかも沖縄戦については日本および日本軍が悪いことばかりしたという内容でした。

私は日本史を専攻し、近代史について勉強しており沖縄戦についても学びました。その上で申しますと、ガイドさんのお話はかなり古い学説の内容で今日では否定されているものも多くありました。たとえば「朝鮮人の強制連行」「従軍慰安婦の強制連行」についてです。事実のようにお話しされていましたが、勉強不足も甚だしいと思います。

また、基地問題に関しても、マイナス面ばかりをお話ししていました。

（中略）

ガイドさんの説明は、米軍・米兵はすべて悪、沖縄から出ていってほしいと言いたげなものばかりでした。基地で働き生活している日本人がいるとか、必ずしも基地に反対していない人々が基地周辺にも50パーセントぐらい存在することに触れないのは公平さを欠き、高校生に正しい判断をする材料を与えないことになります。

決定的なのは、最近の中国による日本国沖縄県石垣市尖閣諸島への侵攻に一切の言及がなかったことです。中国の軍幹部は沖縄全体を中国のものにすると公言しています。その前段階の尖閣侵攻です。

この危機を目の前に、地元の沖縄県の観光ガイドでその現実に触れないのはなぜですか。御社が中国に儲けさせてもらっているからですか。

（中略）

修学旅行の最終日、那覇港に差しかかったとき、右手に海上保安庁の大型巡視船が停泊しているのが近くに見えました。ところが、ガイドさんはまったく触れませんでした。ここのところ、中国の漁船、漁業監視船などが領海侵犯を犯したり、軍艦が接続水域を通過したりという緊張した事態があるにも関わらずです。ガイドさんは、巡視船を無視して、左手の球場の話と那覇軍港がなかなか戻らないとの話をしていました。私は疑問を感じると同時に、怒りも感じました。

（中略）

高校生といえども、まだまだ子供です。聞いた話は疑いもなく信じてしまうことがあります。一方的な偏った考えだけでなく、バランスをとってお話ししていただきたいと感じました。修学旅行は教育活動として実施しています。多様な意見や、さまざまな現実をふまえて、生徒が自分で考えることのできるようなガイドをお願いいたします。

（中略）

私は今回の修学旅行で、修学旅行として沖縄には二度と行くまいと思いました。それはバスガイドさんのためだけでなく、「クラシンジョウ」ガマの史実無視の独りよがりの説明を聞いたためでもあります。

私自身は過去の沖縄の苦労に鑑み、沖縄の危機に際してはこの身を犠牲にしても戦うつもりでいます。


私のEメールアドレスも記して、観光バス会社にこの手紙を送ったところ、1週間後に返答が封書で届きました。

宛名は学校・教頭宛、日付は2012年10月29日付です。左がその内容です。

［バス会社からの回答］

当社バスガイドによる案内が、かなり思想的に偏った案内となっていたとのことで、大変申し訳なく遺憾に思っているところでございます。

おっしゃる通り、マスコミの報道に対しては、私たちもいろいろ疑問に感ずる処や偏った報道ではないかとの思いもあります。

また、ガイドの原稿の件につきまして、ご指摘のある史実に基づかない案内・ガイドの原稿については、確かに今では否定された史実や、原稿そのものが時代の流れに沿っていないところがあり、時代に沿った原稿をガイド教育指導員に都度変更修正をさせております。

ただ、以前にバスガイドとして原稿を覚えたガイドは従来の原稿をそのまま使い、さらにはガイド自身が新聞報道や、いろいろな書籍からの資料を調べ、勝手に案内しているところもあるかと思います。

ガイド個人の力量等は千差万別ではありますが、ガイドの案内というものは一方的な考えに基づき案内するものではなく、常にバランスを取った案内に徹すべきであることは私たちも重々承知しています。

今回図らずもガイドの勉強不足で不適切な案内になったことをとても残念に思い深くお詫び申し上げます。

沖縄の基地問題や戦争については諸説・多様な意見があります。観光客相手の生業としている当社は常に中立的な立場でなければいけないことは言うまでも有りません。

今回のご指摘を真摯に受け止め、今後の対応としては、「ガイド原稿の再チェックと見直し」と「全てのバスガイド」に対し、研修会を行い、バランスのとれた案内を周知徹底させていきたいと思います。

この度の当社バスガイドによる不適切な案内で不快な思いをさせてしまったことを深くお詫び申し上げ、同じようなことが起こらないよう、しっかりと取り組んでいきますので、今回の件については、どうかご容赦くださいますようお願い申し上げます。

以上のような回答をいただきました。大変誠意ある回答で感謝すると同時に、今後に期待したいと考えます。

しかし、当然、沖縄県の観光バス会社はこの1社だけではないので、この問題は本質的な解決にはなりません。

沖縄ガマのガイド団体にも抗議文を送る

続いてガマのガイド団体にも抗議文を書いて送りました。「〇〇〇ガイド友の会会長」が宛名です。

［ガマのガイド団体への抗議文］

〇〇〇ガイド友の会会長　様

私は当日「クラシンジョウ」ガマに生徒を引率いたしました。お話を担当されたのは、△△△△さんとおっしゃる女性でした。

△△さんは、概ね次のような内容をまくし立てるように話しました。

筆者注　発言内容は、114ページに記したものと同じですので、省略します。

戦争終結時期に関しては理解できる部分もありました。しかし、その他の部分に関しては事実誤認、歪曲、知識不足と受け止められました。

「日本兵は住民を守らず、むしろ虐殺した」

この言い方は、『鉄の暴風』（※）以来の日本軍を「悪」と決めつける言い分です。『鉄の暴風』は今日では慶良間諸島の「集団自決軍命説」をはじめ、その内容が伝聞や噂に基づき信憑性に疑問が持たれています。同書は、米国軍政下に出版され、米軍の沖縄占領政策上、「日本軍＝悪」が相対的に「米軍＝善」となることから、その初版本では米軍が推薦文を書いています。その程度の本です。

また、靖国合祀反対訴訟の最高裁審理において、「スパイ容疑処刑」「壕の追い出しによる死亡」など日本軍の悪行と言われることの5分の4は、遺族に給付金を与えるための配慮であったとの証言が出されました。その証言は原告側証人によるものです。

さらに、実際にスパイは存在しましたし、米軍が投降した住民に壕内の日本軍

※1950年に沖縄タイムス社編、朝日新聞社刊。書名は米軍の猛攻「鉄の暴風」に由来。

に降伏勧告に行かせるなどの原因で、処刑された住民もいました。これはアメリカの手法に原因があります。壕からの住民追い出しも、住民の危険回避のために行われたとの住民証言もあります。

もちろん、悲惨な戦場ですから、日本兵の悪行もあったと思います。しかし、さまざまな状況がある中で、一部の悪行を全体化し日本兵を悪しざまに言うのは、史実の検証の観点から誇張・歪曲と言わざるを得ません。沖縄戦で疎開しそびれた、あるいは意志として疎開しなかった住民の方々を守ろうとした沖縄県内外の日本兵の皆さんと、そのご遺族に大変失礼であろうと思います。

私は沖縄を心より愛する者です。沖縄に友人が何人かおりますが、平和資料館の展示内容の偏向ぶりとともに、今回のようなガイドは問題があると聞いております。

私は日本史を専攻し大学・大学院と学んできました。近代史について現在も学んでいます。その自分からして、聞き捨てならないことがまだあります。

それは△△さんの「従軍慰安婦」と「南京大虐殺」を思わせる日本軍の中国における蛮行の話です。

いわゆる「従軍慰安婦」は、貧しい家庭の女性たちが家族のために、家族により業者に売られ、その業者が戦地で兵士を相手に営業していたのです。売春は今日では違法ですが、歴史的には軍隊と慰安婦は世界共通の事柄です。日本軍は中国など現地の女性に対する日本兵による暴行や性病を防ぐために業者の営業を認めていました。また、朝鮮人女性の日本官憲による強制連行に関しては、それを証明する事実は出ていません。韓国人元慰安婦の「強制連行された」という証言もすべて事実でないことが明らかになっています。

レイプといえば中国軍やソ連軍によるレイプの凄まじさをご存じですか？　彼らにとって戦地でのレイプは戦利品なのです。中国は中国軍の中国女性へのレイプの多くを日本軍になすりつけています。

「南京大虐殺」を思わせる日本軍の中国における蛮行に関しては、△△さんは中国に行き、中国人から聞いた、中国戦線に参戦した父上から聞いたと述べておられました。

中国では「南京大虐殺」を事実として宣伝し、「南京大屠殺館《だいとさつ》」なるものを建設し中国の子供たちにも教育しています。しかし、同館の日本軍の虐殺の証拠写真と言われるものは、すべてが捏造あるいはまったく関係のないもの、中国共産党軍による国民党軍虐殺のものなどであることが明らかになっています。

本多勝一氏の『中国の旅』が嘘っぱち本であることは今日ではよく知られていますが、その内容の元となった証言者はすべて中国共産党指名の人々でした。「南京大屠殺」をプロパガンダの材料とする中国の姿勢が現れています。△△さんに聞いたお話も、同様の脈絡で考えるものです。

(中略)

ご存じないかもしれませんが、戦中の中国大陸では国民党軍や軍閥の圧政、中国共産党軍や匪賊《ひぞく》の暴虐に苦しめられた中国人が、日本軍進出により平和と安定がもたらされ、日本軍を歓迎した事実が多数あります。中国人を一番殺したのは中国人なのです。また、1937年の通州《つうしゅう》事件のような日本民間人に対する中国軍事勢力の虐殺行為をご存じでしょうか?

このような事実も踏まえず、日本軍が大虐殺をやったかのように生徒に話すことには強い憤りを感じます。まさに△△さんのお話は中国共産党によるプロパガンダそのものです。

（中略）

お話の後、△△さんに申し上げましたが、日米安保のために日本は守られているという考えもあります。高校生は自分で考え判断する力と知識が十分とは言えません。実際に戦場であった場所で、地元の方にもっともらしく話をされれば、頭から信じてしまう危険性があります。教育活動の一環として、保護者から高額のお金を集めて実施する修学旅行としては不適切です。

最近は中国の沖縄県石垣市尖閣諸島への侵攻が激しくなっています。しかし、この危機的状況に△△さんは一言も触れませんでした。

沖縄県にかかわる深刻な問題で、日本人全体が心配するこの問題をスルーするのは、なぜですか？

中国共産党の人民解放軍が南モンゴル、チベット、東トルキスタンを侵略し、中国の自治区にしてしまい、今日でも人権侵害・虐殺を行っていることをご存じないのですか？

この中国による現在進行形の「侵略」からすれば、尖閣諸島のみならず沖縄県全体も中国の侵略に曝《さら》される可能性があるのです。現に中国人民解放軍の幹部は

「琉球は中国のものである」と言い切っています。

このような中、「日本軍＝悪＝自衛隊」「米軍は出ていけ」の価値観を生徒に押しつけることは、中国共産党を利することになります。

戦争は悲惨であり、それを美化することはありませんが、過去を脚色・歪曲し、現実問題から目を背けさせることは、国防・安全保障の観点を育まず、

「中国に脅されたら降参して言う通りにする」

と考える国民へと修学旅行に訪れる中高生を洗脳することになります。

そのような意志がおありなのでしょうか？

そうでないのならば、話の内容を適切なものに変えていただきたい。そして、国際社会の現実を踏まえ、いかにしたら戦わずして国を守れるかという智恵のヒントを生徒には与えていただきたい。

私は今回のガマでのお話から、「もう二度と修学旅行の引率では沖縄へ行くまい」と思いました。

この書状を送ったところ、ガイドの団体からは何の音沙汰もありませんでした。メールアドレスも付記しましたが、メールでの返事もいただいていません。

「完全無視か」

とあきらめていたところ、思いがけないところからこの団体の反応が伝わってきたのです。

新聞記者がガマの偏向ガイド団体を取材

それは今回の件で、ある新聞記者が、このガイド団体の会長さんに取材をしたことから分かりました。私は懇意にしている保守系県議会議員さんに、今回の沖縄修学旅行における現地の案内の偏向ぶりをお伝えしたところ、議員さんは、県議会の一般質問でこの件を取り上げ、教育委員会を糺《ただ》すところにまで話が発展してしまったのです。

そこで、もっと詳しい話を聞きたいということで、新聞記者さんが私を直接取材しました。私の話を聞いた後、記者さんはさらにそのガマのガイド団体にも問い合わせてみたというわけです。

それによると、私の手紙はガイド団体の会長さんに確かに届いており、会長さんがガマ案内人の△△さん本人に確認をしたそうです。彼女は私の手紙の内容のようなことを、

「確かに言った」

と認めたそうです。会長さんは△△さんに、

「うちの団体は、政治なことや諸説に分かれる問題については触れないことになっているのに、なぜそれに反する説明をしたのか？」

と聞いたところ、

「つい調子に乗って言ってしまった」

と△△さんは答えたそうです。

以後、しばらくは△△さんのガマでのガイド内容は録音し、同じようなことがないように確認しているそうです。会長さんは私宛に返事を出そうと思ったが、メールでは失礼に当たると思い、なかなか回答できないでいたとのこと。

結果的には、偏向ガイドに一石を投じたとは思います。

しかし、これとは別に少しショックなこともありました。それは修学旅行後の生徒た

ちのアンケート結果を見たときでした。

「ガマのガイド△△さんの説明内容について」という質問を設け、「①偏向している」「②事実を話している」「③わからない」の三つから一つを選ばせ、その理由も示すように求めたものです。

その中で、私が引率した中の一つのクラス（全33名）のうち約7割の生徒が、「②事実を話している」と回答し、そう考える理由の多くは、

「地元の人が言うことだから」

ということでした。

自虐史観を注入されないように、いろいろと手を打ってきましたが、この一クラスに限っては現地のガマガイドによって自虐史観に感染してしまったようです。残念でなりません。

教員は「偏向平和教育許すまじ」の意識を

修学旅行の内容、とりわけ「平和教育」は、生徒の保護者の皆さんにはなかなか伝わらないものです。

「バスガイド」「案内人」の誇張と歪曲に満ちた政治的説明、そして展示内容の偏向が明らかな沖縄県平和祈念資料館により、生徒は洗脳される可能性があります。改めて強調しますが、教育活動としてふさわしくありません。

しかしながら、「平和教育」と「観光」の2本立てで、依然として沖縄は修学旅行先として人気です。繰り返しますが、教員側も遊ばせるだけでなく、何か学ばせなければならないと考えます。そういうとき、平和教育はもってこいの材料なのです。

自虐史観に基づいて、国民の国防意識を萎えさせ、この教育現場のブラックボックスとなっている平和教育を葬り去るにはどうしたらよいのでしょうか。

現場で管理職がチェックを入れることも一つでしょう。

しかし、沖縄に行く以上、ガマに行く機会もあり得ますし、沖縄県平和祈念資料館に行かないことも考えにくいのです。修学旅行先として沖縄を選ばないということがベストですが、通常は新1学年が決定しますので、学年団の主体性を尊重するという意味で学校の管理職も介入しにくい部分です。

また、私の住む県では沖縄は生徒に人気があります。本県で沖縄に修学旅行に行く県立高校は47%、ほぼ半分です。

内容に「偏向」がないように指導することはある程度できますが、現地のバスガイドの話の内容まではどうにもなりません。

教育委員会事務局により、平和教育における偏向に注意をするよう指導してもらうことも、教員や保護者の問題意識の喚起につながると考えます。しかし、こと歴史問題については、前述のように日教組、全教などの「組合」と対決をせざるを得ない問題なので、教育委員会事務局が面倒を避けたがるのです。

結論には至りませんが、教師の中に偏向平和教育を許さないという意識を定着させ、国防意識を涵養する「真・平和教育」を推進する声を発し、その輪を広げていくことが「急がば回れ」の近道です。そのために、志を同じくする教師、保護者、政治家、保守系国民運動家などの皆さんとつながり連帯していくことが必要と思います。

第4章

公立高校を取り巻く反日教育

東京裁判史観に染まる半数以上の高校生たち

かつて本県公立高校教諭のS・M氏は、「子どもの近現代史認識の現状」（歴史教育者協議会＝歴教協『歴史教育・社会科教育年報　２００１年版』三省堂）と題した論文の中で、小・中・高校の児童・生徒に実施した近現代史アンケートを集計し、分析しています。その設問に左のようなものがありました。

〔問い〕「戦争についてどういうことから知りましたか」

〔答〕　「先生」　……82・8％（高校生）

「先生」が一番多い回答結果であったということで、S氏は、

「子どもたちの戦争認識にとって、教師の果たす役割がますます重要になっている」

と書いています。異論はありませんが、それだけに教師がどのような方針で生徒に臨

むのかが問題になってくると思います。
さらに同氏によれば、

〈問い〉「第二次世界大戦について、日本はアジア諸国に責任を認めて謝るべきだと思いますか」
〈答〉「侵略戦争だったので謝るべき」……63・7％（高校生）
「自衛のためやむをえず戦った」……2・4％（高校生）
「植民地から解放してあげた」……0・8％（高校生）

この結果をふまえて、S氏は、

「（先の大戦は）『自衛戦争』『アジア解放戦争』といった『つくる会（新しい歴史教科書をつくる会）』の侵略戦争肯定史観には、今の高校生は侵されていないようだ」と分析しています。この「侵略戦争肯定史観」という言葉そのものが意味をなすのかどうか疑問ですが、少なくとも高校生の6割以上が「教員」の影響で「自虐史観」を身につけてしまったことが見てとれます。

私も歴史認識アンケートをとったことがあります。２００２年に、知り合いの他校の教師Ｅ氏の協力を得て、本県立高校４校、５５８人の生徒を対象に行ったものです。以下はその一部分です。

〈歴史認識アンケート２００２年〉

問８　「『従軍』慰安婦（戦地で兵士を相手に売春をする女性）はどのようにしてできたと思いますか」

①日本軍が朝鮮などの女性を強制連行した。……49・8％
②兵士相手に商売をする業者が女性を募集した。……23・7％
③日本軍の強制連行と業者の募集によった。……19・0％
④その他（　　　）……3・4％

問９　「日中戦争（１９３７〜４５）の性格はどのようなものだと思いますか」

①自衛戦争。……16・3％

②侵略戦争。……41・4％
③自衛戦争であり侵略戦争でもある。……32・6％
④その他（　　）……4・1％

問10　「南京事件（『南京大虐殺』）についてどのようなものだと思いますか」
①日本軍兵士が
中国人の民衆を含む数万から数十万人を虐殺した。……51・8％
②中国軍捕虜をめぐる殺害はあったが
民衆に対する日本軍の組織的虐殺はなかった。……11・6％
③人数は不明だが日本軍は組織的に民衆を虐殺した。……27・8％
④その他（　　）……4・7％

問11　「太平洋戦争（大東亜戦争　1941〜45年）で日本は東南アジアにおいてどのようなはたらきかけをしたと思いますか」
①欧米を追い払い代わりに侵略した。……59・3％

②欧米を追い払い代わりに侵略した面もあったが独立を助ける一面もあった。……31・2％
③その他（　）……4・5％

問13「アメリカの日本への原爆投下についてどう思いますか」
①人道上許せない。……47・7％
②戦争だから仕方がない。……11・8％
③戦争を早く終わらせるために必要だった。……5・6％
④早く降伏しなかった日本が悪い。……26・5％
⑤その他（　）……7・9％

これらの結果を見ますと、日本を侵略国家だと思っている生徒が多いことが分かります。

特に注目は、問13の原爆投下に関する認識です。「①人道上許せない」が48％近くあるのに対して、「②戦争だから仕方がない」「③戦争を早く終わらせるために必要だった」「④早く降伏しなかった日本が悪い」の3つを合わせた約44%の数と拮抗《きっこう》しています。

非戦闘員に対する原爆投下を二度にわたって行ったアメリカの人類史上最大の残虐行為を非難する数と、その反対に責任は日本にあるとしたり、アメリカの言い分を受け入れている人の数の合計が、ほぼ同じであることに私は驚きました。

原爆を投下された国・日本の今の高校生の認識は、これほどまでに自虐的だったとは思いませんでした。

私の行ったアンケートはサンプルが少ないかもしれませんが、日本の高校生の半数以上が「東京裁判史観」に染まっていることを予見させる結果です。

この中には当時、すでに目覚めていた私が〝自虐史観に染まらない日本史〟を教えていた生徒119名も含まれていますので、これを考慮すれば、一般的にはさらに〝自虐度合い〟が高くなるかもしれません。

そもそも日本の歴史研究団体は左翼ばかり

右のアンケートを引き受けてくれた教師E氏は、アンケートの実施にはかなり神経を遣ったようです。組合教員のだれかに見つかった場合、

「なぜ？　だれが？　どのような意図で、そのようなアンケートをとるのか？」

と追及され、問題視されかねないからです。

当時の私は管理職候補者でしたので、その私が実施するアンケートだと組合教員たちが知れれば、「自虐史観教育の実態を把握しようとする調査だ」と見なされ、アンケートをとらせない等の邪魔が入る可能性があったのです。

先のS・M氏が行ったアンケートに関しては、S・M氏自身が組合員であり、「歴史教育者協議会（歴教協）」という研究団体の看板もあり、現場では特に問題視されることはなかったのです。しかし、この「歴教協」もそもそも公平中立な研究団体とは言えません。

学校の歴史教育の歴史認識を支えているのは、大学を中心とする学会の権威です。

そして、歴史研究団体の存在があります。すなわち、S・M氏が論文を載せた「歴教協」のほか、「歴史学研究会（歴研）」、「日本史研究会」などがそれです。これらは名前だけ聞くとあたかも純粋な研究団体のように見えます。

ところが、その実態は日本共産党と一体の団体（歴教協・歴研・日本史研究会）なのです。しかも、日本の歴史学会ではすでに権威となってしまっています。

東京大学出版会、岩波書店、吉川弘文館などの出版社もこれらと密接な関係にあり、歴史学を学ぶ学生にはかりしれない影響を与えています。

「高社研（本県高等学校社会科教育研究会）」などの準公的組織にも組合の影響が大きくおよんでいます。

そして、それらを包み込むように支えているのが、全教や日教組などの教職員組合です。さらに、朝日新聞やNHKのような大手メディアの反日報道や、中国と韓国などからの外圧が影響を与えます。

以上が自虐史観を形成していく主な構造です。この構造が戦後67年間も続いているのです。この岩盤のような構造を突き崩すのは並大抵なことではありません。しかし、志ある人々を結集し、小異を捨て大同につく運動を展開しなければならないと思います。

日本の高校生の6割強が自尊心が低い

「日本のふがいなさを嘲笑っている韓国や中国は、自国では熱心に子どもたちに国家への忠誠を教え込み、嘘を交えての極端な反日教育さえ行っている。そうして日本に対しては、国旗・国歌・靖国神社に反対する運動に、さまざまなかたちで加担している。日本国内の反日勢力を鼓舞して、日本を骨抜きにしたならば、それは韓国や中国、それに北朝鮮にとって、何十個師団の軍備を強化したのと同じことになる」

（渡部昇一『国民の教育』産経新聞社）

と渡部昇一氏は述べています。

自虐史観に基づく歴史教育や占領憲法である日本国憲法を絶対視する公民科教育。その憲法の精神を敷衍《ふえん》し、「反軍隊＝反自衛隊・反在日米軍」の思考を、児童や生徒に刷り込む平和教育。

これらが中国や韓国・北朝鮮の対日戦略をアシストしているのです。

私たちはこの構造を自覚し、独善的ではないが日本に誇りを持てる歴史教育を行う必要があります。なぜならば、日本の青少年の自尊感情が国際比較において極めて低いという現実があるからです。

財団法人 日本青少年研究所が2011年3月に発表した「高校生の心と体の健康に関する調査」によると、「私は価値のある人間だと思う」かという問に対して、「全くそうだ」「まあそうだ」と答えた高校生の割合は次の通りです。

アメリカ……89・1%
中国……87・7%
韓国……75・1%
日本……36・1%

この結果から、国際比較において、日本の高校生の6割以上は「自尊感情が低い」傾向にあることが明らかになりました。

この結果の原因は何に由来するのか考えたときに、すべてが歴史教育や平和教育のせいにすることはできないかもしれません。しかし、その因果関係はある程度の影響があるのではないかと考えられます。米・中・韓と比べたとき、それらの国の歴史教育は自国に誇りを持たせる内容に満ちていると思います。彼らは時に史実と異なっても、あるいは史実を隠蔽してでも、自国の歴史の正当性を教え込んでいます。

一方、日本は自国の歴史を正当に評価せず、占領軍、ソ連や中国の視点で歴史教育を行ってきています。その視点とは言うまでもなく「犯罪国家日本」であり「侵略国家日本」です。

国民が自国の歴史を忌まわしきものと見て、そこに生まれ育つ自分を価値ある存在と見なすことは困難なことです。自国の来歴や先祖の行いを悪しきものと教えられれば、国に誇りを感じることはできなくなります。自分が依拠する国への信頼感がなければ、自尊感情が低くなるのは当然です。

生徒の意識を変えるには、教える教師・教員が変わるしかありません。「教師が変われば生徒が変わる」――結論はここに行き着くのです。

「日本の歴史は悪。アジアの人々を悪く言ってはいけない」空気の職員室

私は「教師」と「教員」を使い分けることがあります。

「教師」は文字通り「師」としての矜持のある先生を指します。生徒の範となる姿勢を持つ人を指しています。

一方、「教員」は労働者としての自覚で仕事をする人を指します。現場では「教師」が少なく「教員」が多いのです。

「教員」の歴史認識は自虐史観です。

教員は多くの場合、小さい頃から真面目でしょうから、小学校・中学校・高校・大学と、先生たちが教えてくれることにはしっかりと耳を傾けていたと思われます。自虐史観教育に対しても何の疑問も持たずに受け入れます。それ以外に情報がないからしかたがありません。

また、沖縄や広島や長崎などに修学旅行に行って、平和教育を施されて、「平和が一番」「戦争反対」という短絡思考を持ち、そのまま卒業して教員となるわけです。

善意の人ほど、先の大戦中に日本が行った「侵略」を恥だと思い、「日本の侵略行為は子供たちに絶対教えなければならない」と思うようになります。悪気もなくそう思ってしまうのです。

教員になってからは多忙であることも大いに影響しますが、正しい歴史認識に関することを勉強することはあまりありません。教育現場には、自虐史観に異を唱えること自体がタブーである「空気」が漂っているのです。

私は本県下の公立高校で勤務していますが、今まで職員室の教員同士の会話で、「脱原発」についてはしばしば耳にすることはありますが、中国の脅威や北朝鮮のミサイル発射、あるいは拉致問題などが話題にのぼることはまったくありません。

新聞（教員は朝日新聞をとっている者が多いと思われます）やテレビのニュースくらいしか情報源がないためにあまり深くものを考えていません。善意に解釈すれば、教員たちは目の前の生徒のことで一所懸命で、それ以外のことに関心を持つ余裕はないという状況なのです。

職員室では、愛国心の重要性や国防の必要性などをちょっと口に出しただけで、教員たちはさーっと引いていきます。私はたまに中国共産党や中国人民解放軍の危険性について職員室で話すことがあるのですが、そんなときはたいてい教員は引きます。

私が数名の教員となにげない会話をしているとき、たまたま中国関連の話題が出たことがありました。

「中国の軍備拡張は、とても自衛のためとは思えないですね。明らかに日本やアジア諸国を侵略するためのものです。このままだと日本も、チベットやウイグルのようになってしまいます」

と私が言ったとたんに、それまで弾んでいた会話がシュンとしぼんでしまい、教員たちは少し困ったような微笑をつくりながら、机に向かってしまいました。何か触れてはいけないものに触れてしまったかのようです。

教員の年齢層や世代や性別に関わらず、私以外の教員から中国の軍拡や中国による民族弾圧、北朝鮮による拉致問題、核やミサイル問題などを話題にする場面に出会ったことは、まず今まで一度もありませんでした。

「日本の歴史は『悪』と考えるべきだ」

「アジア（中国や韓国や北朝鮮）の人々のことは悪く言ってはいけない」

そういう「空気」が、職員室をはじめ教育現場には満ち満ちているのです。生徒たちもなんとなくそういう考えに染まっていってしまいます。

教育委員会から教育現場まで「愛国心」や「国防」はタブー

本県の教育委員会は、２０１２年度のスローガンとして「学力向上」「グローバルな人材の育成」と謳っていました。

何のための学力向上なのか？　グローバルの前提に国家観が必要ではないのか？　と突っ込みを入れたくなりますが、それについては何も伝わってきません。

本当の「学力向上」は、国家や世界の繁栄・発展に貢献できるためのものであり、その根底に日本の歴史に誇りを持たせる、愛国心を育むことがなければ意味がありません。

また、「グローバルな人材」とは、自国の歴史・伝統・文化を熟知し、その基盤に立って世界の中で活躍できる人材であると考えますが、教育委員会はそれらに言及することなく「地球市民」的な感覚で「グローバルな人材」と言っています。

このように教育委員会から公教育の現場に至るまで、「愛国心」「国防」などの概念を持ち込むことがタブーになっています。「東京裁判史・コミンテルン史観」の呪縛から今だに解放されていないのです。

教育委員会は全国各都道府県にあります。

本県では教育委員会は、委員5名に教育長が加わり、合議制の執行機関である行政委員会の一つとして存在します。行政委員会は他には選挙管理委員会、人事委員会、監査委員、地方労働委員会、公安委員があります。

教育委員会は、「委員の合議により大所高所から基本的方針を決定し、具体的な事務の処理については、教育行政の専門家である教育長が、事務局を指揮監督して執行する仕組み」（本県教育委員会ホームページより）となっています。

教育長は常勤の県職員です。他の教育委員5名は非常勤です。

本県教育委員を務めた経験のある高橋史朗先生は、

「非常勤の教育委員では本格的に教育問題に取り組むことは難しい」

と語っていました。

教育委員の仕事は、ほとんどが事務局から上がってくる議案を追認するだけだと思います。それでも高橋先生は教育改革に向け努力をしてくださったと思います。本県の教育委員長（教育長ではなく教育委員会の長）時代は、県議会でご自分の言葉で答弁されていました。しかし、高橋先生をもってしても何かが大きく変わったという実感は現場にいてありませんでした。

左翼勢力からの激しいバッシング

高橋先生の教育委員就任は県知事の肝いりでしたが、高橋先生は「新しい歴史教科書をつくる会」副会長（教育委員就任時に降任）であることから、左翼勢力から激しくバッシングされました。

そのバッシングの模様はインターネット上にあったのですが、今はほとんど痕跡がありません。高橋先生就任の2007年12月当時は、「子どもと教科書全国ネット21」（共産党系市民団体）、県教職員組合、県高等学校教職員組合（全教）、教職員組合、高等学校教職員組合（日教組）などが組織的に反対運動を展開したのです。

地元紙「○○新聞」は、まるで「しんぶん赤旗」かと思えるような論調で、高橋先生の就任を批判していました。このような反対は本当はごく一部の偏向左翼団体の声であり、高橋先生の賛成者がまるでいないかのような「空気」が醸成されることに、私は我慢できませんでした。

実は、高橋先生教育委員就任の直前に、私は当時の勤務校で高橋先生に全校生徒対象の講演をしてもらっていたのです。

私は高橋先生には、明星大学大学院、NPO法人師範塾でお世話になり、先生の「現場からの教育改革」の着想に敬意を抱いておりました。先生は講演料を大幅に値切ったにも関わらず来てくださいました。

当時、私は新任教頭としてかつて教諭として勤務した高校に戻っていました。その高校は中途退学者が多い「生徒指導困難校」でした。そんな学校なので、高橋先生の心に響く話を生徒に聞かせたいと思いました。演題は「ナンバーワンからオンリーワンへ」

でした。生徒は非常によく話に聞き入っていました。会場の体育館には、全教と日教組の教員もいて、講演を聞いていましたが、事前事後を問わず何も言ってきませんでした。

日教組から「こんなバカ」と私は中傷された

高橋先生の委員就任に反対する諸団体は、知事の元に毎日のように押しかけて抗議をしました。それを知り、私は知事に直接ＦＡＸを送りました。

「生徒指導困難校である本校の生徒にしっかりと話を聞かせ、感動を与えられる実践力のある高橋先生こそ教育委員にふさわしいと思い、知事の人選に大賛成です」

という励ましの文面で、私の氏名、勤務校名も記してＦＡＸしたのです。このことは今も知事は覚えているようで、２０１３年の「師範塾第１講座」でこのときの話を披露されたと聞いています。

知事に応援のＦＡＸをした後、しばらくしてからのことです。日教組所属の組合教員

が私の席にやってきて、

「教頭は私たちの仲間内で有名になっていますよ」

と言うのです。そばにいた「全教」に所属する組合教員も同様のことを私に言いました。彼らにその理由を聞いて私は驚きました。

なんと知事の秘書が押し寄せる抗議団体に対して「ここに賛成者もいる」ということで、私の送ったFAXをそのまま見せていたというのです。私の名前も職名も勤務校名も入ったままの文面です。私のことが左翼の抗議団体にすべて伝わってしまっていたのです。

私はすぐに知事の秘書に電話で問い合わせました。すると秘書さんは、

「あまりにも抗議が多いので紹介してしまった。以後気をつけます」

と、たったそれだけでした。あとの祭りとはこのことです。

それ以後、私はマークされるようになり、後日、日教組の機関紙上で個人攻撃をされることになります。

「こんなバカ、校長にするな」

そんな文字が大きな見出しでつけられた記事でした。

私は当時、教頭として教員の勤務時間超過分の時間を調節する仕事があり、校外宿泊行事の勤務時間の割り振りをしていたのですが、それをめぐる件が機関紙に取り上げられたのです。そして、そこに名指しではないものの、勤務校の教員が読めば、誰もがそれは「私」であると分かる内容で、そんな見出しがつけられていたのです。

このことは、勤務時間の割り振りという校内文書を日教組に横流しした者が私の学校の中にいるということを意味します。

私が高橋先生の教育委員就任に賛成したことに対する〝報復〟として、日教組がこのような内容を機関紙に書いたということはあとではっきり分かりました。

高橋先生へのレッテル貼りはすさまじいものです。「つくる会（「新しい歴史教科書をつくる会」）」が犯罪者集団であるかのような印象を持たせます。

参考までに当時（2005年12月16日）の左翼抗議文「高橋史朗氏を教育委員に選任することに抗議し、強く撤回を求めます」（子どもと教科書全国ネット21）のインターネット上のウェブサイトアドレスを記します。

http://www.ne.jp/asahi/kyokasho/net21/seimei041216.htm

事なかれ主義で「なあなあ」の教育委員会の事務方

教育委員会の教育長の下には「事務局」という部署があります。

事務局員の多くはもともと教員籍にあった人たちです。管理職試験に合格し、教育の現場を離れて、教育委員会事務局に入局する場合や、教頭を数年経験し入局する場合などありますが、総じて優秀な人物を引っ張っています。

試験合格→入局（事務局）→教頭（高校現場）→入局（事務局）→校長（高校現場）

このように事務局と現場を交互に繰り返すパターンが多いようです。校長を経て、さらに入局するケースもあります。

事務局の中で〝一番のエリート〟と考えられている部署が人事担当課所です。

ここは県内の高校、特別支援学校の管理職から教諭まですべての人事権を握っています。旧東京教育大学出身の人脈が主流で、自分たちの人事を仲間内でやっている感は否めません。私にはどこかの国の党中央のように思えてなりません。

現在（2013年3月当時）の本県教育委員会教育長F氏も校長上がりで東京教育大学出身です。この方は立派な方だと思いますが、最近、沖縄県で問題になった教員の補習に対する手当支給に関する問題と同様のことを経験しています（※）。詳細はここでは触れないようにしますが。

事務局の第二番目のエリートは、教育内容を扱う指導課です。ここは、入試全般を管轄する重要課所です。本来「平和教育」や「高社研」などについてもチェックすべき部署ですが、ノータッチです。平和教育については本県の教育局にも担当部署はなく、日教組が推進しているということは第1章でお伝えした通りです。

その他の課所には人権教育担当、保健体育担当、生徒指導担当、教育センターなどがあります。

県教育委員会と日教組など組合との間の交渉は毎週水曜日に行っているようです。県教育局と組合幹部が交渉するときは極めて紳士的であると聞いています。〝お互いの立場〟を理解し合い、〝落としどころ〟を分かってやっているのです。

※沖縄県の高校で多額のＰＴＡ会費が、進路指導や進学希望者向けの補習授業やその他の指導にあたった教員に対する「手当」に充てられたことが問題化した事件。

早い話が「なあなあ」です。

先にも書いたように教育委員会の事務局の職員はしばしば教育の現場を経験します。その在校時から組合に意地悪されないように、管理職として円滑に校務運営ができるように努める傾向がすでにあります。これが「なあなあ」体質になる原因です。

「組合と揉《も》めるようでは管理職としては失格である」と考えて〝妥協する〟ことが偏向教育を助長し、延命させている場合もあると思います。

組合は校長よりも情報伝達が早く、校内で組合の機関紙が伝えた県教委事務局との交渉内容のほうが先に全職員に伝わってしまい、そのあとで、校長からその内容が職員会議で伝えられることも、しばしば起きています。

組合と教育委員会事務局に馴れ合いがあることは、私だけでなく県議会議員さんたちも言っています。

日教組の政策は亡国政策のオンパレード

それでは、戦後教育界の負の遺産とも言うべき日教組は何を考えているのか。その「平和」と「人権」に関しての認識はどうなっているのか。日教組の、国や自治体への政策要求から見てとれるので、見てみたいと思います。

日教組『政策制度要求と提言』――【9】平和、人権、環境、共生

2、平和・人権政策

〈政策目的〉

○唯一の被爆国として核兵器廃絶を世界に訴える。a

○憲法9条の「戦力不保持」をふまえ、自衛隊の役割の見直しと縮小・改編

をすすめる。b

○在日米軍再編強化・軍事一体化をすすめることなく米軍基地の縮小・撤去を行う。また、日米地位協定の抜本的な見直しをはかる。c

○平和、人権に関する国際諸条約を完全批准し、その実現のため国内での法・条例整備などを行う。また、国連、その他の機関からの勧告について、早期に解決する。

〈具体策〉

○核不拡散条約・包括的核実験防止条約などの発効と核軍縮にむけた国際的な行動を積極的に行うこと。

○「非核三原則」を法制化するとともに、各自治体で「非核自治体宣言」「非核条例」の制定を行い、平和事業を推進すること。d

○ヒロシマ・ナガサキでの実践に学び、あらゆる機会に学習・体験する場を積極的に設けること。

○ピョンヤン宣言にもとづいて日朝国交正常化にむけた交渉を再開するとと

もに、東北アジアの非核化にむけてとりくむこと。e
○集団的自衛権の行使にあたる自衛隊の海外派兵をやめること。f
○普天間基地問題を含め米軍基地の縮小・撤去を行うこと。g
○原子力空母の横須賀母港化を撤回するとともに、米軍艦船の民間港の使用を許可しないこと。h
○在日・定住外国人に対する地位・権利・教育などにおける差別的待遇を改善するとともに、「地方参政権」を付与すること。i
○在日外国人を教諭として採用でき、管理職任用資格等も有することを政府の見解として示すこと。j
○部落差別、民族差別をはじめとするあらゆる差別をなくし、その救済をはかる「人権侵害救済法」を制定すること。k
○部落差別によるえん罪事件である狭山事件の解決にむけて、提出されている新たな証拠などをもとに再審を早急に行うこと。
○戦後保障・戦争責任を明確にするとともに、一方的な歴史認識の醸成につながらないようにすること。l

○原爆症認定基準及び認定作業の見直しをすすめるとともに、被爆者援護法を改正し国家補償の明記と被爆二世への適用を実現すること。また、被爆二世の健康診断を法制化するとともに、検診の中にガン検診を盛り込むなど制度の充実をはかること。

○原爆被爆の実態、被爆二世・三世の実態を把握するための調査・研究を推進すること。

○沖縄戦における「集団自決」に関する「教科書検定意見」を撤回するとともに、「従軍慰安婦」「侵略」など加害の視点での教科書の記述をすすめるなど、近隣諸国条項を堅持すること。m

○学校・職場・地域で人権・平和学習を推進すること。

「日教組政策制度要求と提言　2011〜2012年度版」より

※のアルファベット小文字a〜mは筆者による。

ごらんの通り、ひと言で言ってすべて亡国政策オンパレードです。中国共産党の指示がそのままもろに反映されているような内容です。

よくもここまで国を損なうようなことを考えられるものだと感心します。この日教組が、国難を招いた民主党政権の支持母体であったのです。当時の政権の危うさを改めて認識できるでしょう。

拉致問題について一切触れない日教組

では、日教組の亡国政策ポイントを見てみましょう。

a「唯一の被爆国として核兵器廃絶を世界に訴える」と言っていますが、日本が「唯一の被爆国」と言えるかどうか疑問です。

それは第2章で述べたように、中国に侵略された新疆ウイグル自治区（東トルキスタン）のロプノール核実験場における1964年から96年までの46回におよぶ核実験例があるからです。広島・長崎を上回る数の住民が被爆し死亡したと言われています。この中国による核実験の被害を認識すれば、わが国を「唯一の被爆国」とは呼べないはずです。

日教組は無知でその事実を知らないのか、それとも未だに「共産圏の核はきれいな核」と思っているのか、中国の悪行は見て見ぬふりなのか、そのいずれかでしょう。

b「**憲法9条の『戦力不保持』をふまえ、自衛隊の役割の見直しと縮小・改編をすすめる**」と**f**「**集団的自衛権の行使にあたる自衛隊の海外派兵をやめること**」は、自衛隊関連です。さすがに面と向かって「自衛隊は憲法違反」とは言えないようですが、なんとか自衛隊の存在をなきものにしようと考えています。

日教組は中国の目に余る軍備拡張、覇権主義には目をつぶっておきながら、自国の自衛隊については役割の見直しと縮小・改編を求めているのです。

c「**在日米軍再編強化・軍事一体化をすすめることなく米軍基地の縮小・撤去を行う。また、日米地位協定の抜本的な見直しをはかる**」、**g**「**普天間基地問題を含め米軍基地の縮小・撤去を行うこと**」、**h**「**原子力空母の横須賀母港化を撤回するとともに、米軍艦船の民間港の使用を許可しないこと**」の項目では、普天間飛行場に限らず米軍基地の「縮小・撤去」を求めています。外患誘致を企てる主張であると言わざるを得ません。中国の日本侵略に備えた体制づくりが、日教組の使命なのです。

d「『非核三原則』を法制化するとともに、各自治体で『非核自治体宣言』『非核条例』の制定を行い、平和事業を推進すること」では「非核三原則」の法制化を求めるなど、日本をアメリカの「核の傘」から引き離したい意図が現れています。

「非核自治体宣言」「非核条例」の制定は、「脱原発」にも連動しかねません。

e「ピョンヤン宣言にもとづいて日朝国交正常化にむけた交渉を再開するとともに、東北アジアの非核化にむけてとりくむこと」では、日朝平壌宣言に基づくことが述べられていますが、同宣言は「拉致問題の解決、植民地支配の過去の清算、日朝国交正常化交渉の開始」を謳っています。

しかし、この日教組の40数ページにわたる「要求と提言」のどこを探しても、「拉致」については触れていません。平壌宣言を持ち出しながら、その中に含まれる拉致に言及しないのです。「平和・人権」政策において、人権侵害の極致である拉致を問題にしないとは言語道断です。

なぜ高校の教科書は左寄りになってしまうのか？

i 「在日・定住外国人に対する地位・権利・教育などにおける差別的待遇を改善するとともに、『地方参政権』を付与すること」では、「外国人地方参政権」の付与を求めています。最高裁の判決（１９９５年）では、「公務員を選定罷免する権利」は「日本国民のみをその対象（とする）」であり「我が国に在留する外国人には及ばない」としています。

しかし、この判決の傍論では永住外国人への地方参政権の付与を「憲法上禁止されていない」と述べています。この傍論（暴論？）を記した裁判官の園部逸夫《そのべいつお》氏は、「（在日韓国・朝鮮人を）なだめる意味があった。政治的配慮があった」と後述しました。傍論には拘束力がありませんが、外国人地方参政権の付与を主張する人たちはこの傍論を根拠としています。

そして、教科書会社はこの問題を教科書にしっかりと反映させ、載せているのです。たとえば教科書は「外国人選挙権訴訟の判決を報じる新聞記事」として、新聞記事の写真とともに次の内容のみを記しています。

「『（最高裁は）憲法は、国内永住者など自治体と密接な関係を持つ外国人に、法律で地方選挙の参政権を与えることを禁じているとはいえない』として、外国人地方参政権を容認した」

（『高等学校 改訂版 新政治・経済』2007～2012年用、第一学習社）

これでは、判例の中で拘束力のない傍論の部分のみを示し、あたかも参政権付与を認めるべきであるかの印象を持つように読者をリードしています。これも教科書の偏向です。本質を述べず、〝おまけ〟を強調し、しかも日本の主権を損なう方向に洗脳しているのです。

ちなみに、高校の教科書選定は実質的に個々の学校の教科担当教員が行います（それを各校の校長が決裁し、最終的には県教育委員会が採択）。教科書会社（出版社）は日教組および日教組テイストの教員にウケのいい教科書をつくるのです。ここが義務教育と大きく違うところです。

教科書会社も商売ですから、教員に採択してもらえるような教科書記述を行うようになります。したがって教員の意識が教科書の内容を決めていくことになります。その結果、確信的左翼教員や自分は中立（リベラル）だと思っている〝左巻き教員〟が好む〝進歩的教科書〟がほとんどとなってしまうわけです。

裁判官の園部氏が在日韓国人・朝鮮人をなだめようとしたのは、おそらく同氏が、「在日韓国人・朝鮮人は意志に反して日本に連れてこられた、強制連行された」と認識していたからではないかと考えます。しかし、この認識は事実誤認によるものです。

日教組は、部落解放同盟や民団や朝鮮総連で人権委員を選出!?

j「在日外国人を教諭として採用でき、管理職任用資格等も有することを政府の見解として

示すこと」で、在日外国人教諭採用、管理職任用を挙げています。これは民主党や社民党の支持母体である「在日本大韓民国民団（民団）」や「在日本朝鮮人総聯合会《そうれんごう》（朝鮮総連）」の要望でもあり、日教組自身の勢力拡大のためと思われます。

k「部落差別、民族差別をはじめとするあらゆる差別をなくし、その救済をはかる『人権侵害救済法」を制定すること」では、「人権侵害救済法」の制定を出しています。同法案は民主党がプロジェクトチームを立ち上げ、制定を目指していました。同法の危険性の一つは、「委員長及び委員の任命に当たっては、委員のうちに人権の擁護を目的とする団体若《も》しくは人権の擁護を支持する団体の構成員、または人権侵害による被害を受けたことのあるものが含まれるよう努めなければならない（「人権侵害救済法」第十一条第2項）」という部分です。

警察や裁判所から独立した「人権委員会」をつくり、司法権や捜査権を与えることに関するものですが、その構成メンバーの条件がこの「第十一条第2項」の部分です。すなわち、部落解放同盟や民団・朝鮮総連から委員が選ばれることになるのです。もしそんなことになれば、日本国民の言論の自由は彼らに奪われ、思想上の「占領統制」を受けるに等しくなります。

l「戦後保障・戦争責任を明確にするとともに、一方的な歴史認識の醸成につながらないようにすること」では、歴史認識に触れ、

「一方的な歴史認識の醸成につながらないように」

としています。この言葉は天に唾するようなものです。歴史認識以前に、幾十年もの間、史実を無視し、一方的な歴史認識を児童・生徒に持たせてきたのは、日教組のほうです。第1章の冒頭で触れましたが、教研集会で「百人斬り競争」の実践報告を行った長崎県の中学校教員の例がその典型です。

m「沖縄戦における『集団自決』に関する『教科書検定意見』を撤回するとともに、『従軍慰安婦』『侵略』など加害の視点での教科書の記述をすすめるなど、『近隣諸国条項』を堅持すること」では、韓国を意識した「従軍慰安婦」の教科書記述を求めるありさまです。日教組は日本人の現実の人権侵害被害には目をつむり、韓国主張の虚偽の「従軍慰安婦」を日本の教科書に掲載することを求めているわけです。

また、「集団自決」「従軍慰安婦」「侵略」という左翼キーワードがここに表れています。「集団自決」に軍命がなかったことは、第2章で述べたとおりです。

「沖縄戦集団自決冤罪訴訟」において、大阪地裁、大阪高裁、最高裁とも、「自決命令

は証明されていない」と判断しています。この訴訟も第2章に書いた通りです。繰り返しますが、軍命に関しては「証明されない」とされたのです。さらに軍命を否定する証言も複数出てきており、史実と認定されていないのが現状です。

日教組は「従軍慰安婦」に関しては、「侵略など加害の視点で教科書の記述をせよ」としていますが、なぜ加害の視点を強調するのかが理解できません。現状の歴史教科書は戦争を美化し、加害の記述が足りないということなのでしょうか。おそらく、育鵬《いくほう》社や自由社の教科書を念頭に置いていると思います。本来は、

「史実に基づく歴史教育を推進せよ」

とするべきです。日教組が「日本に誇りを持ち、愛国心を育む歴史教育をせよ」と主張できるはずもありませんが、加害の視点を強調することは中国、韓国、北朝鮮の利益を重視したものと言わざるを得ません。

現在、日教組は組織率を低下させているとはいうものの、かつての民主党政権を支えたこともあり、今も共産党系の全教とともに教育現場で大なり小なりの影響をおよぼしています。

教員の思考パターンの轍《わだち》には日教組的なるものが含まれています。本人の自覚がなく

とも、40代以降の教員を中心にその傾向があるように感じます。

私たち教師や保護者の心ある皆様方は、日教組が何を考え、何を目的としているのかを見極め、日々の教育活動の中でその影響の排除に努める必要があります。その集積が少しずつ教育を再興させることにつながると確信します。

自尊感情を高める歴史教育が必要だ

人類の歴史は見方によれば、戦争をはじめとするさまざまな悲劇の連続です。残虐さ、悲惨さを伴う出来事で満ちあふれています。そのような中、20世紀になって使われはじめた「戦争犯罪」という言葉は、もっぱら戦勝国の戦争に対する価値観から、敗戦国に対して適用されてきました。

しかし、戦争の歴史を振り返れば、「戦争犯罪が行われなかった戦争はない」と言われ、中には歴史の暗部とも言うべきむごたらしい行為が行われてきたことも事実です。

事実を教える上では、児童・生徒の発達段階への配慮が必要です。

誤解を恐れずに言えば、小学生や中学生に対してそのような暗部をことさら教える必要性はないと考えます。その年代に対しては自国の歴史に誇りを持つことのできるような側面を学ばせることがまずは肝要です。

そして、高校生になる頃から歴史の光の側面とともに陰の部分についても教えていくことが望ましいと思います。発達段階に応じた歴史教育が必要なのです。

「日本には言論の自由があるわけですから、骨董的な歴史は当然のこと、批判的な歴史についても、いくらでも読めるわけですから、それ（歴史の陰の部分）をあえて小中学校で教える必要はないでしょう」

（渡部昇一『渡部昇一の新憂国論』徳間書店　カッコ内は筆者が補足）

と、渡部昇一氏は小・中学校では歴史の光の面を教えるべきであると述べています。

学説の固まっているものはそれを尊重し、あるいは諸説に分かれる場合は列記して、教えていくことは当然のことです。しかし、「南京大虐殺」「従軍慰安婦」などは歴史的事実として教えてはならないことです。

発達段階への配慮と同時に史料批判も大切です。「新しい歴史教科書をつくる会」の藤岡信勝氏は、小学校社会科教科書と中学校社会科歴史分野の教科書の、残虐な壁画の図版の掲載を問題視しました。

その図版は、「半裸にさせられて柱に後ろ手に縛りつけられた中国人の女性の片方の乳房を、日本軍の兵士が短刀でまさにえぐり取ったばかりのところである。血がしたたり落ちている。右下には、この女性の子どもと思われる赤ん坊が仰向けに転がっていて、それを兵士が足蹴にしている」というものです。

このような残虐な図版を小・中学校の教科書に載せることは、教育上、大いに問題です。そもそもこの壁画は中国の学生軍により描かれた、抗日プロパガンダ用のものであったことが藤岡氏により明らかにされています。残虐さによる衝撃を与えるだけでなく、そのような壁画が事実であると子供たちに認識させてしまう過ちを重ねて犯しているのです。

このような教科書の内容を是とする学者や教員が多数存在し、「近隣諸国条項」や「村山談話」や「河野談話」といった〝政府土下座諸談話〟に基づく歴史教育が行われるようでは、日本人としての自尊心やアイデンティティーの確立にはつながりません。

歴史学者の主流は、

「日本の歴史や文化を他国のそれらと相対化し、世界史の中での日本の立場や位置を認識せよ」

と考えているようですが、それ以前に自国の歴史や文化の特性を把握し、その良さを知り、誇りを持てるようになることが歴史教育の大前提です。この考え方は歴史教育の対象となる小・中・高校生の自尊感情を育み、世のため人のために活躍する日本人に育て上げるために不可欠なことなのです。

第5章

国難のとき、教師が教えるべきこと

中国と北朝鮮の脅威、安全保障上の危機を伝える

「真・平和教育」では、日本の平和維持のために必要な内容を生徒に学んでもらいます。喫緊の問題としては、日本を取り巻く安全保障上の危機の現実を把握することです。今日であれば、中国、北朝鮮を中心に、わが国の領土を不法占拠しているロシアや韓国についても教えます。

あわせてエネルギー安全保障についても教える必要があります。東日本大震災による福島第一原発事故以来、「脱原発運動」が高まりを見せています。

かつての民主党政府は選挙目当ての大衆迎合で脱原発路線に舵取りをしていました。しかし、エネルギー問題は、安易に原発をなくせば、それで済むものではありません。石油・天然ガス等の資源に乏しい日本では、エネルギー資源を輸入に頼っています。原発をすべて停止させれば、火力発電に頼らざるを得なくなり、そのために原油や天然ガスの輸入がこれまで以上に重要になります。

今後、中国が台湾および東シナ海を武力で制圧した場合、原油輸入ルートであるシーレーンを使えなくなり、日本のエネルギー資源確保は困難になります。

この時点で、石油のために日本はさらに中国に従属しなければならなくなるのです。そう考えると、なぜ脱原発運動が起きているのかの理由の一端が分かると思います。

したがってエネルギー安全保障の観点からも原発の維持はわが国にとって極めて重要です。大東亜戦争の勃発原因の一つは、アメリカの対日石油全面禁輸があったこと、つまりエネルギー問題にあったことを忘れてはなりません。

脱原発、普天間移設問題、オスプレイ導入反対といった一連の動きは、尖閣諸島から沖縄までの中国の侵攻とともに、「日本を滅ぼす」という点でリンクしているのではないでしょうか。

すなわち脱原発の運動に、中国の日本支配のために関与している工作員の魔の手がおよんでいるのではないかと思われるのです。また、普天間飛行場の辺野古移設反対運動やオスプレイ配備反対運動にも、中国の対日工作の手が回っていると思います。

日本が原発を廃止すれば、いちばん喜ぶのは中国です。日本のエネルギー安全保障を揺るがし、エネルギー供給面から日本を牛耳ることができます。また、日本が核保有国になる可能性の芽を摘むことにもなるので、日本が脱原発すれば中国は軍事的に圧倒的な優位を保ち続けることができるのです。

オスプレイが配備されなくなれば、中国が尖閣諸島をはじめとする西南諸島を侵略することはとても容易になります。さらに普天間移設問題やオスプレイ問題で日米同盟に亀裂が入れば、中国にとっては日本侵略の好機到来ということになります。

このような危機の現実を生徒たちに伝える必要があります。

本来は多くの教員がそのような意識を持って教育にあたれば、日本は国家として確実に自立に向かうのです。

尖閣諸島問題——領土問題は教育でしっかりと取り上げるべきだ

2012年8月15日、香港の反日団体「保釣《ほちょう》行動委員会」のメンバーらが、沖縄県尖閣諸島の魚釣島に不法上陸しました。この団体には中国当局が後ろ盾になっているとの報道もあります。

このことから尖閣諸島の中国による侵略を危惧する予測が報道されました。

「香港の活動家がいとも簡単に上陸したことで、民間人を偽装した海上民兵らによる『尖閣占領シナリオ』の危惧が現実味を帯びてきた。」（2012年8月16日付産経新聞）。

魚釣島に上陸した5名を含むこの団体の一行14名は、なんらのお咎めもなく（レンガやボルトを海上保安庁の巡視船に投げつけたにも関わらず）、17日には香港に送還されました。

19日、地方議員を含む日本人10名が尖閣諸島の魚釣島に上陸。同日、中国では、10都市で反日デモが行われ、日本企業や日本料理店などが襲撃されました。しかし、中国の警察はデモ隊の行動を容認していました。

2012年の中国における反日デモを見ると、中国で「愛国教育」という名の反日教育や尖閣の領有を一方的に教え込む教育の成果が現れていたことを実感します。「閉ざされた思想空間」における教育が人間を洗脳する恐ろしさがここにあります。

同時に、中国は昔と変わっていないとも思いました。損得勘定による我田引水的な実利主義、為政者への国民（民衆）の不満をそらすために外敵をつくりだすこと、そして同調圧力や乱暴狼藉などは、日中戦争前の中国と同じに思えます。

もともと中国は尖閣諸島を日本領として認識していたのです。その証拠が、1960年に中国で発行された地図です。そこには、尖閣諸島が日本領として表示されています。中国が尖閣諸島の領有権を大きく主張しはじめたのは、第2章の「沖縄から平和を考える」で生徒たちに伝えたように、1968年の国連ECAFEによる海洋調査で、海底に莫大な石油と天然ガスが埋蔵されていると分かったときからです。これを機に中国と台湾は突如、その領有権を「核心的利益」として主張しはじめたのです。

こうした経緯をしっかりと日本の教育で取り上げなければなりません。

日本はこれまで地理においても、日本史においても、「領土教育」を十分に行ってきたとは言えません。「新学習指導要領」（中学校社会・地理的分野）では、

「北方領土が我が国の固有の領土であることなど、我が国の領域をめぐる問題にも着目させるようにすること」

とありますが、竹島や尖閣諸島については具体的に触れていません。これは中韓両国への配慮なのかもしれません。

なお、育鵬社・自由社の公民教科書にはしっかりと領土問題が取り上げられています。

これからは「領土教育」が小・中・高校を貫く教育課題として重要だと考えます。

中国の沖縄領有化の脅威も教えよう

尖閣諸島に関しては、2012年7月2日、中国人民解放軍の羅援《らえん》少将が6大方針（尖閣諸島強奪のための六大戦略）を発表しました。

①「尖閣諸島の魚釣島を中国の市、すなわち行政区に編入する」
②「領海を法律により制定する」
③「そこでミサイルを用いた軍事演習を行う」
④「日本の海上保安庁に対抗するため国家海洋警備隊を設置する」
⑤「尖閣諸島で観光事業や石油・漁業の開発事業を展開する」
⑥「世界に向けて尖閣諸島領有を宣言する」

これを中国のテレビ放送（鳳凰テレビ）で宣言したのです。

羅援少将は、この方法で島を奪った実績がすでにあります。それがベトナムの「三沙《さんさ》市」です。少将はベトナムに対して島の領有宣言を先に発表し、その後、中国軍が本当にその島を奪ってしまったのです。それが三沙市でした。南シナ海の西沙《せいさ》諸島・南沙諸島・中沙《ちゅうさ》諸島の三つの諸島で、かねてより中国がフィリピンやベトナムなどと領有権を争っていたものです。南沙諸島がすでに１９９５年に中国軍によって実効支配されていたのは、第２章でお伝えした通りです。

２０１２年７月17日、羅援少将は「三沙市」の成立とその領有を一方的に宣言し、その後、実力行使して中国の行政区に編入（侵略）してしまったのです。

したがって、日本の尖閣諸島も同じような道筋をたどる可能性は十分にあります。

さらに中国は沖縄県領有の主張までも堂々と公然と行っています。

「中国国防大学戦略研究所長の金一南《きんいちなん》少将。金氏は12日に放送された中国ラジオ公社とのインタビューで、『釣魚島（沖縄県・尖閣諸島の中国名）に関しては日本側に必ず、行動で見せてやらなければならないが、問題の視野をさらに広げて沖縄の（中国への）帰属問題を正式に議論しなければならない』と述べた。

金氏はさらに『沖縄は本来、琉球という王国だったが、1879年に日本が強制的に占領。当時使われていた清国の年号と漢字などを捨て去った』などと指摘。

そのうえで『琉球がどの国に帰属し日本がいかに占領したのか、詳しく見なければならない』と強調。結論として『日本は琉球から退くのが当然だ』と主張したという」

（2012年7月13日付産経新聞）

中国が沖縄の領有を考えていることは、今では少しずつ日本人も知るようになってきています。

沖縄の普天間飛行場の辺野古移設反対運動の意図は、普天間を固定化し、米軍による事故の発生を待ち構え、基地撤去の運動を一気に盛り上げ、日米安保条約を廃棄に追い込もうとするものです。

繰り返しますが、これは、オスプレイ配備への反対運動とともに、中国が尖閣諸島と沖縄を占領しやすい方向にするための動きであると思います。そして、もちろんこれらの背後に中国の工作がある可能性は極めて大きいと言えます。

これら一連の動きを一部の日本人自身が下支えしているのです。それが平和教育や偏向歴史教育などの学校教育と偏向マスコミです。

中国に侵略された国の実態を生徒たちに見せよう

さて前述（88ページ）のように、中国には2050年までには、沖縄どころか日本そのものを中国の領土として支配しようとしている計画があります。日本はあまりにも安閑としすぎています。

学校では自虐史観教育が行われ、国民の国防意識は希薄です。政治家の多くは国益よりも自分の選挙を重視しています。この国にはそもそも「スパイ防止法」がなく、工作員が自由自在に活動できる「スパイ天国」なのです。

中国が領空侵犯しても何もできず、他国に拉致された自国民を取り返すこともできず、日本のマスコミは中国の批判を一切しない。そのような現状ならば、中国の侵略を防ぐことはできません。

もし中国が日本を占領したら、どうなるでしょう。

日本の国土は奪われ、資源も技術も奪われます。日本の文化・伝統が消滅し、日本人は奴隷状態に置かれます。それは日本人の言論・思想・信教の自由が失われるということです。日本人の人権は侵害され、恐怖と抑圧の中に生きることになるのです。

もっとも中国人と中国共産党の走狗《そうく》となっている「日本人」だけは中国共産党に優遇されるでしょう。

そうでない日本人は差別されるでしょう。第2章でも触れたように、実際に、中国に侵略された東トルキスタン、チベット、南モンゴルの惨状を見れば、日本が中国に支配された場合を想像できると思います。これは絵空事でも空想でもありません。

教育関係者や保護者の皆さんは、東トルキスタン、チベット、南モンゴルの実情を生徒や子供に知らせる必要があると思います。ユーチューブ（インターネットの動画共有サービス）などで映像を見ることができます。これが国防意識の涵養につながると思います。

北朝鮮の拉致を教えることに腰が引ける教員たち

2002年、小泉純一郎首相（当時）が北朝鮮を訪れたとき（第1回訪朝）、故・金正日総書記は、「拉致は自分が命令し、北朝鮮の国家機関を使って実行させた」と白状しました。これはわが国への侵略行為を認めたことであり、北朝鮮が戦争を仕掛けたことになります。したがって、わが国は北朝鮮に武力行使する権利があります。しかし、多くの教員が拉致問題を扱うことに〝および腰〟になるのです。「朝鮮人の強制連行」なるものが虚構であるのに、多くの教員はこれが事実であると信じ込んでいるためです。

日本にある朝鮮学校では拉致問題をどのように扱っているでしょうか。

手元に在日朝鮮高級学校教科書『現代朝鮮歴史1〜3』があります。朝鮮学校授業料無償化に反対する人たちが、朝鮮学校の教育内容の実態を公にするために日本語訳したものです。

内容は金日成《キムイルソン》、金正日への賛美に満ち満ちています。特筆すべきは2002年の日朝平壌宣言は出てきますが、拉致については一切言及していないことです。

このことからも、日本は朝鮮学校の無償化などするべきではありません。

北朝鮮の軍事的脅威については、北朝鮮の軍備を見れば分かります。

『平成25年度 防衛白書』によれば、陸上兵力102万人、艦船650隻（10.5万トン）、作戦機600機です。参考に、日本の場合は陸上兵力14万人、艦船141隻（45.2万トン）、作戦機410機となっています。さらに同白書は北朝鮮の軍事状況について以下のように述べています。

「北朝鮮においては、11（平成23）年12月の金正日国防委員会委員長の死去後、金正恩《キムジョンウン》国防委員会第1委員長を指導者とする体制が整えられた。

北朝鮮が12（同24）年12月に行った『人工衛星』と称するミサイル発射は北朝鮮の弾道ミサイル技術の進展を示しており、北朝鮮の弾道ミサイル開発は、新たな段階に入ったと考えられる。北朝鮮の弾道ミサイルについては、その開発・配備、さらに移転・拡散の観点から強く懸念される。

北朝鮮による核開発については、平和的な方法による朝鮮半島の検証可能な非核化を目標とする六者会合が08（同20）年12月以降中断しているが、一方、北朝鮮の核兵器計画は、13（同25）年2月の核実験実施を含むこれまでの北朝鮮の様々な言動や核実験の実施時期などを考えれば、相当に進んでいる可能性も排除できない。

また、高濃縮ウランを用いた核兵器開発も推進している可能性がある。北朝鮮による核実験は、弾道ミサイル能力の増強とあわせ考えれば、わが国の安全に対する重大な脅威であり、北東アジアおよび国際社会の平和と安定を著しく害するものとして断じて容認できない。

このように北朝鮮の動向は、引き続き予断を許さない状況であり、今後の動向について、わが国として強い関心を持って注視していく必要がある。」

（『平成25年度 防衛白書』）


このように日本にとっての北朝鮮関連の問題は「拉致」「核」「ミサイル」に尽きます。

これらがわが国にとっての潜在的脅威となっているのです。

北朝鮮の非人道的な強制収容所の実態も伝えたい

北朝鮮に関しては、異常とも言うべき金王朝の支配と、その下に苦しむ約2000万人の北朝鮮の人々の人権について考えないわけにはいきません。

金日成や金正日への忠誠度の順に「核心階層」「動揺階層」「敵対階層」の三大階層に分類され、下層に位置すれば飢え死にと背中合わせの悲惨な生活状態に置かれます。それに耐え切れずに脱北を試み、失敗して捕らえられると政治犯収容所に入れられます。奇跡的にそこから脱出し韓国に逃げ延びた脱北者と、政治犯収容所の看守で脱北した人からの話でその様子の一部が分かってきています。

この政治犯収容所の実態を「NO FENCE（ノーフェンス、「北朝鮮強制収容所をなくすアクションの会」）」による「救出のための請願」から一部紹介いたします。

「被疑者たちは、彼らがどのような罪を犯したかも通報されず、如何なる司法的手続きも行なわれない。弁護士や公式的な裁判の接近も存在しない。その代わり、被告はそのまま拉致され、審問のための施設に入れられ、自白するまで典型的な拷問を受ける。被疑者が有罪と宣告されると、即時死刑が行なわれるか、あるいは収容所に送られる。最も衝撃的なのは、金日成が作り出した連座制によって被疑者の家族の三代が一緒に収容所に収容されることである。

一度収容されると、収容者は死の収容所と描写されるほどの、あまりにも酷いさまざまな危険に直面する。収容者は、子供たちを含め、1日12時間、またはそれ以上、週7日間、採鉱、伐木、農業などの重労働の対象となる。度々、作業は危険であり、おおよそ20~25%の収容者が、毎年このような労働によって死亡する。きつい労働とともに、収容者たちは飢餓水準（starvation-level）の配給で生存しなければならない。ある脱北者は、毎日一人当たりトウモロコシ20粒ぐらいを配給されると述べた。

これは、辛うじて死を免れる程度の量であり、収容者たちは牛糞をあさって穀粒を探し出して食べるほどであると証言する。肺炎、肺結核、ペラグラ（ナイアシン欠乏症）、そして各種疾患が収容所に蔓延しているにもかかわらず、収容者のための適切な医療処置はない状況である。

収容者は、疾患に苦しめられながらも労働を強要され、物理的に労働できなくなった収容者たちは、死のみが待つ療養所に送られる。拷問と司法権外の殺傷、女性収容者に対する性的暴行などは日常的に行なわれる」

（NO FENCE「救出のための請願」より）

政治犯収容所に入れられると強制労働と拷問の後に死を迎えることになります。それならば死んだほうがましだと考えて収容される前に自殺をすれば、その家族が代わりに収容所に入れられるという話を聞いたことがあります。死ぬに死ねないのです。収容所に収容されている人は約20万人といいます。考えられないような非人道的な環境下にこれだけの人が置かれ、何の希望もなく絶望のもとにこの世を去っていくのです。この現実は権力者が金正恩に代わった今も変わることはないでしょう。

最近、私はこの現実を「NO FENCE」の活動をしている方からうかがい、事実を把握しました。この事実は教育現場で教えるべきと思います。

あるクラスでこの内容を話したことがありますが、生徒は相当衝撃を受けていました。機会があればより多くの生徒に知らせたいと思います。そして本当の平和とは何か、人権とは何かを学ばせたいと思います。

アニメ「めぐみ」上映をめぐって組合教員とバトル

北朝鮮の拉致問題を伝えるアニメ「めぐみ」については、生徒たちに見せたことを第2章で記しました。

もともと「めぐみ」は、政府の拉致問題対策本部が作成したもので、2008年にDVD化されて全国の学校に配布されたものです。言うまでもなく1977年に新潟で、北朝鮮の工作員に拉致された横田めぐみさんを描いたものです。

このアニメ上映をめぐって組合教員とちょっとした押し問答をしたことがあります。

かつての勤務校で、私は人権教育の一環として全校生徒に「めぐみ」を視聴してもらおうと考え、本件を「人権教育委員会」に提起し、さらに職員会議の協議事項としました。

「人権教育委員会」は各校に必ず置くことになっている組織です。そこに所属するB教諭が私に意見を言ってきたのです。B教諭は50代の男性教員で地歴・公民担当、そして全教、つまり共産党系の組合に所属している教員です。場所は職員室です。

私　「このDVD（『めぐみ』）は、政府拉致問題対策本部が作成し、政府から学校での活用が指示され、県の人権教育課から人権教育用の教材として送られてきたものであり、私も視聴しましたが、内容的に問題があるとは思えません。横田ご夫妻の親心や苦しみなどが主題として描かれている」

B教諭「拉致はいけないことだが、このアニメを見せることで、朝鮮の人たちに生徒が偏見を持つようになってはいけない。朝鮮学校の生徒がチマチョゴリに唾を吐きかけられるという出来事もあった。それに、日本の植民地時代には70万人が日本に強制連行されている。そういうことも同時に教えなければならない」

私　「強制連行70万人はあり得ない。それは『国民徴用令』により日本人と同様に軍需工場に配属させられた人々であり、その数が70万人におよぶなどということはない」

B教諭　「『強制連行70万人』と、教科書にも書いてある。教科書に嘘が書いてあるというのか」

私　「教科書にも間違った記述がある。当時、朝鮮は日本であり、昭和19年になって朝鮮にも国民徴用令が適用されて意に反したところで働かされたかもしれない。しかし、それは内地の日本人も同じである。強制連行などなかった」

B教諭　「『強制連行がなかった』だと？　では、なんで未だに多くの朝鮮の人がいるのか？　70万人以上の朝鮮学校に通う人がいるのか？」

私　「それは、日本統治下において自ら日本に来たくて来た朝鮮の人たちがたくさんいたということだ。国民徴用令の適用も本土より大幅に遅れた昭和19年だ」

気がつくと、議論が白熱化していて、職員室にいる他の教員たちは私たちのやりとりにじっと耳を傾けていました。

「あとはわれわれ二人で話をしよう」ということでいったん打ち切りました。

　時間をおいて、B教諭が私の席のところに再びやって来て、

「教頭！　教科書にも出ている。『広辞苑』にも『100万人強制連行』と出ている」

と言って、教科書を開いて私に見せました。「これを見ろ」と言わんばかりです。開いたページには、「朝鮮半島から強制連行した」という記述がありますが、人数の記載は出ていません。B教諭は、さらにペーパーを1枚出して私に見せます。

　インターネットのウィキペディア（インターネット利用者が自由に編集できるフリー百科事典）で調べた「強制連行」の検索結果をプリントアウトしたもので、それは岩波書店の『広辞苑』の記述部分を引用してあるものでした。

　そこで私も反証を出します。常に手元にある、1959年（昭和34年）7月13日付朝日新聞の記事の写しです。この記事をB教諭に見せながら言いました。

私　「徴用対象は245人で、大半は自ら日本へやってきたと書いてあります。
　　これを読んでください」

B教諭　「でも日本は朝鮮を植民地にしたことには変わらない」
私　「植民地とは言えない。条約に基づく併合であり、諸外国も承認していた」
B教諭　「諸外国ってどこだ？　国連か？」
私　「いや、欧米諸国だ」
B教諭　「朝鮮の人も喜んで植民地にされたというのか？」
私　「朝鮮にも日本の統治を望んでいた人々はいた。30万人くらいの政党だ。また、一概に植民地とは言えない。『植民地とは』という概念の問題がある」
B教諭　「日本は朝鮮の土地を奪った」
私　「土地調査事業だ。朝鮮は、土地所有権が明確でなく、争いの原因になっていたため、所有権を明確にした。その際、所有権が不明な土地全体の7％を取った」
B教諭　「少なくても土地を奪ったことは悪い」
私　「悪いかもしれないが、日本の朝鮮統治は、欧米の植民地支配とはまったく異なる」
B教諭　「『広辞苑』に抗議しろ！」

B教諭はそう言い残して立ち去りました。

「強制連行はあった」と主張する教員たち

結局、人権教育委員会では「めぐみ」を上映することでまとまり、ようやく職員会議の協議事項とすることができました。その職員会議の席上、今度はこんなやり取りが起きました。

人権教育委員会には属していないC教諭（50代男性、地歴・公民担当、所属組合は日教組）が次のように言い出したのです。

「教頭、拉致問題を人権教育でやるなんてとんでもない！　日本はかつて60万人も強制連行しているのに。拉致だけを教えるなんておかしい」

このときも私は強制連行の虚構について説明しました。

「『強制連行』なるものはなかった。あえて言えば、内地の日本人に対して1939年から適用された『国民徴用令』が、朝鮮内の日本人にも1944年9月から適用され、国が指定した工場などで働かされたことを『強制連行』という意味に取ることもできる。つまり、兵士以外の日本国民に出された戦時勤労動員だ。あり得るとすれば、それが唯一の『強制連行』だ」

そこに先のB教諭が加勢してきて、1対2の議論になりました。すると一人の体育教員が、「拉致はいけないことだということは誰も否定できないはずです。だから、これ（「めぐみ」）を見せるということでいいではないですか」

と発言してくれて、その場は収まったのです。

このときほど、「従軍慰安婦」や「強制連行」が独り歩きし、事実として認識されていることの根深さを感じたことはありません。

今、50代の社会科の教員、特に地歴（地理歴史）・公民科の教員はB教諭やC教諭のタイプが多く、困ったものです。他の教科でも今の50代の教員は似たりよったりだと思います。

B教諭やC教諭が、

「朝鮮人を60万人（70万人）も強制連行している」

と言っていたとき、職員室内で、「うんうん」とうなずいて同意の意思を示す教員も何人かいました。これが教育現場の実情です。

なお、「めぐみ」は予定通りに上映できました。視聴後は校長が拉致問題の概要を丁寧に説明してくださいました。私はホッとすると同時に、拉致のような人権侵害であり犯罪行為である国民の生命を脅かす重大事を、教育現場で教えることに対して、このような抵抗があること自体信じられない思いでした。

「学校の常識は世間の非常識」なのです。

かつては自衛官を父に持つ子を誹謗中傷していた組合教員たち

自衛隊、在日米軍、海上保安庁などの国民や国際的平和維持に対する貢献を学ばせることは、児童・生徒の国防意識の涵養に欠かせません。それらの活動に敬意を抱かせることが健全な国家観を育むと私は確信します。

自衛隊は東日本大震災で、被災者の救援や行方不明者の捜索に大きな貢献を果たしました。被災地の子供たちが自衛隊の姿に感動し、将来自衛官になりたいという夢を持つようになったとの話が伝わってきました。

しかし、一昔、二昔前までは自衛隊に対する世間の目は冷たかったのです。

たとえば自衛官の募集員が来ると、追い払う高校がありました。

「僕は自衛隊に入りたいです」

と生徒が言えば、教員は、

「なんでそんなところに入ろうとするんだ。やめたほうがいい」

などと指導することもありました。自衛隊が憲法9条に違反すると考える教員たちは日教組の「教え子を再び戦場に送るな」という発想から、就職先としての自衛隊を排除したのです。

就職先の見つからない生徒に、教員がこっそり自衛隊を紹介するケースもありましたが、自衛官や警察官を父に持つ子供たちに、授業中、

「あなたのお父さんは人殺しを仕事にしている」

「税金泥棒だ」

などと言う教員もいました。もちろんそんなことを言う教員は組合員です。

2012年6月12日、42年ぶりに陸上自衛隊レンジャー隊員養成訓練で、都内の市街地を武装して行進する訓練が行われました。これに対して市民グループは武器を持った行進に反対するシュプレヒコールを上げるなど、左翼団体の動きが見られました。

日本人の生命と財産を守る自衛隊員のフル装備に、安心と信頼を感じるのが普通の感覚ではないでしょうか。それに反対するシュプレヒコールなど到底信じられません。そんな反対者たちでも、ひとたび事が起これば自衛隊に守られ、助けてもらうことになるのです。日本は本当にいい国です。左翼は甘えすぎないようにしなければなりません。

生徒たちに自衛隊の活動を教えるポイント

ここで、教育現場で自衛隊の活動を紹介するべきポイントを挙げてまとめてみました。『平成24年度版 防衛白書』を参考にしています。

《生徒たちに教えたい自衛隊の活躍ポイント》

●海上自衛隊は、哨戒機（P―3C）により、北海道の周辺海域や日本海、東シナ海を航行する多数の船舶などの状況を常時警戒監視している。

●航空自衛隊は、全国のレーダーサイトと早期警戒機（E―2C）、早期警戒管制機（E―767）により、日本と周辺の上空を24時間態勢で監視。領空侵犯のおそれのある航空機を発見した場合、待機中の戦闘機などが緊急発進（スクランブル）し、状況を確認し、必要に応じてその行動を監視する。

●日本の領水内で潜没航行する外国潜水艦に対しては、速やかに海上警備行動を発令して対処する。潜水艦に対しては、国際法に基づき海面上を航行し、旗を揚げるよう要求し、応じない場合は領海外への退去を要求する。

●武装工作船と疑われる船（不審船）には、警察機関である海上保安庁がまず対処するが、海上保安庁で不可能な場合、または著しく困難な場合は、海上自衛隊が海上保安庁と連携しつつ対処する。

●島嶼《とうしょ》部に対する敵からの攻撃への対応は、自衛隊による平素からの情報収集・警戒監視・偵察活動により、まず兆候を早期に察知する。事前に兆候を得た場合、敵部隊などによる攻撃を阻止する作戦を行う。事前に兆候が得られず島嶼を占領された場合は、奪回作戦を行う。

海外における自衛隊の国際貢献としては、イラクでの人道復興支援がありました。フセイン政権が倒されたあとの混乱したイラク南部の都市サマーワを中心に、２００４年より約2年半にわたり医療、給水、教育などの分野の整備や道路建設などインフラ整備を行いました。

イラクの人々からは大変感謝されていた様子をテレビニュースや新聞記事で見ること

ができ、日本人として自衛隊の活躍を誇らしく思いました。

しかし、自衛隊は武器を持っているにも関わらず、日本国内法の制約から正当防衛以外の武器使用が認められないため、当時は常時オランダ軍に守られながら復興支援に当たっていました。

2010年には国際平和協力法によりマグニチュード7の地震が起きたハイチへ派遣されました。任務は被災地の瓦礫の除去、道路補修、軽易な施設建設等を実施するための人員・装備等の輸送でした。その他、ゲリラや特殊部隊による攻撃への対処、武装工作員などへの対処、核・生物・化学兵器への対応、弾道ミサイル攻撃などへの対応やアメリカ軍との連携などが挙げられています。

生徒に教えたい自衛官たちの生の声

「防衛白書」には、コラムとして現役自衛官の声が紹介されています。これらは中学生や高校生に自衛官の仕事を教える上で役立つと思います。なお白書では実名、写真つきで紹介されています。

●第83航空隊第204飛行隊　2等空尉　Y・Y

私は、空自那覇基地で戦闘機（F―15）操縦者として、南西域での対領空侵犯措置を行うため、警戒待機（アラート）任務に就いています。対領空侵犯措置は、国家の威信にかかわる重責を担う任務であり、いざ緊急発進が下令されたならば、わが国の領空に接近する国籍不明機に対し1秒でも早く対応しなければなりません。常に緊張感の中で行う困難な任務ですが、私は、この任務を達成することにやり甲斐を強く感じ、誇りに思っています。

●対馬警備隊　陸曹長　Y・N

対馬は、歴史的に国境警備の最前線であり、隊員一人ひとりが国境警備隊の一員であるとの意識も高く、実戦的な訓練に日々励んでいます。国境の防人「やまねこ軍団」の一員として今後ともさらに強い個人・部隊を目指し任務に邁進して行きたいと考えています。

●南西航空警戒管制隊　第53警戒隊　3等空曹　K・I

私が勤務する宮古島分屯基地は、空自で最南端かつ最西端の分屯基地です。ここのレーダーサイトは、わが国の南西域の警戒監視を主任務としており、私は整備員としてレーダー器材の保守整備を行っています。近年、南西域における対領空侵犯措置が増加しており、これを支えるため、緊張感をもって日々の任務に臨んでいます。

（『平成24年度防衛白書』）

日本は、6000を超す多くの島々から構成され、広大な海に囲まれています。わが国の領海と排他的経済水域（EEZ）は、約447万平方キロメートルにもなり、世界第6位の広さを誇っています。こうしたわが国を構成する離島には、多くの自衛隊員が日々勤務していることを生徒たちに知ってほしいと思います（また同時に、国境の島・与那国島《よなぐにじま》への自衛隊配備が急がれます）。

中国の尖閣列島への侵攻が現実となりそうな今日、学校や家庭で自衛隊、自衛官の役割と国民に対する貢献を子供たちに伝えていくことが国防意識を養うことになるでしょう。

海上保安庁の主な仕事を教える

生徒たちに海上保安庁の仕事を教えるにあたっては、前節で触れた領海と排他的経済水域をまず確認してもらいます。これは海上保安庁ホームページが参考になるでしょう。

領海とは「国連海洋法条約」に沿い、法律で基線から12海里（約22キロメートル）までをさします。領土や領空のように、日本の主権がおよぶ海域です。領海では、直線基線が採用される前の内水（瀬戸内海）を除き、日本の平和、秩序、安全を害さない範囲で外国船が通航することが認められます（これを無害通航権と言います）。

排他的経済水域とは、法律で基線から200海里（約370キロメートル）までをさします。漁業資源や鉱物資源など天然資源の探査、開発、保存および管理等、特定の事項に限定して、日本の法令を適用できる海域です。特定の事項以外については、日本の法令の適用はなく、外国船の航行は自由で、他国が海底電線を敷設することも認められます。

前述のように、わが国の領海にこの排他的経済水域を加えると、日本は世界第6位の広さになるのです。

海上保安庁は、その広大な海域を11の管区に分担しています。尖閣諸島を含む沖縄県は第11管区に含まれます。全国の海上保安庁の職員数は約1万2600人ですが、全国の警察官数が25万人であることと比べると、その守備範囲の広さからすれば職員数は圧倒的に少ないということが分かります。

海上保安官は海の警察官です。海岸線の警備、領海内の密輸、密航、密漁を取り締まり、海難事故、海洋汚染にも対処しています。

近年では東日本大震災に関わる救助活動、前述したような不審船への対応、尖閣諸島に押し寄せる中国漁船や監視船などの監視、領海侵入阻止などの任務にも当たっています。さらにインドネシア海域における海賊の取り締まり、過激派環境保護団体シーシェパードへの対処もあるようです。

海上保安官の仕事は過酷なものだと思います。私たちの知らないところで、法律の制約の中で危険に身を曝し、犯罪の取り締まりから国防に近いことまで請け負ってくれているからです。

映画「海猿《うみざる》」シリーズには、海難救助をする海上保安官の姿が描かれています。その影響もあり、最近では志願者が増えてきているようです。しかし皆が皆、海難救助に当たるわけではないので、「『海猿』みたいじゃない」と感じて海保を去っていく者もいるそうです。

日本の公立高校は「海守《うみもり》」である海上保安官の認知度を高め、多数のたくましく優秀な人材輩出を志してもらいたいと思います。

自衛隊と海上保安庁以外にも、もちろん警察、消防などの治安維持、人命救助・災害対応を職務とする方々に尊敬と感謝の念を贈りたいと思います。さらには東日本大震災において被災者の救助・救援に当たってくれた在日米軍の存在も忘れることはできません。

それらの人々の恩に報いるために、私たち教師も児童・生徒の人格を向上させ、その能力を高め、引いては国家・社会のため、世界のために貢献する人材を育てる「聖職者」の自覚を持ちたいと思います。それが過去の戦争で亡くなった英霊に報い、命懸けで国を守る自衛官や海上保安官の皆様への何よりの感謝になることと確信します。

有志の皆さん、日本の公教育現場の潮流を変えていこう

尖閣問題等の中国の日本侵略問題、韓国の竹島問題、北朝鮮の日本人拉致問題、ロシアの北方領土問題、そして脱原発の動きなど、日本には国難と言うべき課題が山積みです。しかし、これらの問題に勇気を持って日本人が立ち向かい、解決することが、日本国が真実の独立を果たしていくことになるのです。

そのバックボーンが歴史教育であると、私は確信します。

私は、教育関係者であろうとなかろうと、あらゆる立場を超え「草莽崛起《そうもうくっき》」して、未来を担う子供の自尊感情を高める歴史教育の重要性を訴えたいと思います。

これまで教育界では、「反戦平和」を半ば公然と教え、「国家安全保障」や「国防」について触れることはタブー視してきました。

この空気は、日教組や全教の組合教員や無知な社会科教員などにより、長い年月をかけて教育現場に定着されてしまいました。

この空気の淵源は戦後のＧＨＱによる日本占領政策や東京裁判史観であり、社会主義国による工作と影響にあります（これについては機会を改めて詳しく述べたいと思います）。

しかし、多くの公立学校の教員や管理職、そして教育委員会事務局職員にはその自覚はほとんどありません。「反戦平和」に疑問をさしはさむことすらありません。仮にもしも彼らが、

「反戦平和の立場から生徒に教えることは偏っている」

と思ったとしても、

「それを改めて、国防の重要性を生徒たちに教えるべきだ」

とまで考えることはありません。私の教員生活の中でも、そのような話を聞いたことは一度もありません。教員たちには危機感がないのです。「明日も明後日も、このまま

これからもずっとずっと平和な日々が続く」と思っているのです。

彼らは現状認識が甘いのです。教育に携わる者が、教育を通して未来への責任を負う者が、それでよいはずはありません。

本書では、国難招来の原因の一つとなっている公教育（公立高校）の現場を、主として修学旅行に光を当てて述べてきました。今も、全国の生徒たちに授業を通して自虐史観の種がまかれ、日本人の意識や価値観が形成されています。

これに立ち向かうには、日本に誇りを持たせることのできる歴史観と国家観を持つ教師を育てることです。その取り組みをするところは、残念ながら今のところほとんどないのが現状です。文科省にも危機感はないようです。教員養成大学や民間団体における取り組みが待たれます。

私は教育現場の潮流を変えるために、同志を増やしつつ、生徒への啓蒙をしていく所存です。

「教師が変われば、生徒が変わる」は真理です。教育関係者以外の心ある方々とも連携し、国防を芯に据えた世論形成をしていくことを私はここに決意します。

おわりに

2012（平成24）年12月26日、安倍政権が成立すると、中国、韓国はとたんに安倍首相の歴史認識を問題化し「極右政権」「歴史を直視せよ」などと攻撃し、外交的圧力をかけてきました。

これに対して安倍首相は、当初、いわゆる「村山談話」の見直しに言及していたものの、それに対するアメリカからの牽制もあり、「村山談話」を踏襲すると言及してしまいました（2013年5月15日参議院予算委員会）。

一方で、中国の尖閣諸島への侵攻は続き、韓国はロビー活動によりアメリカ各地に「慰安婦像」建立を図り「従軍慰安婦」を既成事実化し、さらには、日本統治下の戦時徴用に対する損害賠償訴訟において韓国高裁が日本企業に賠償を命ずるなど、日韓基本条約を無視した暴挙におよんでいます。また、北朝鮮は拉致問題を放置し、先軍政治を推し進め日本に脅威を与え続けています。

待望の第二次安倍政権の誕生と衆参ねじれの解消が実現しても（自公の「ねじれ」という政権内の問題がありますが）、中国、韓国、北朝鮮、そしてアメリカの圧力の中で、日本は歴史認識を糺すことも、憲法改正を表明することも、首相が堂々と靖国神社参拝を表明することもできません。

それらを阻んでいる国内勢力が、左翼政党や新聞、テレビなどの大手メディアであり、そして大学から義務教育までの教育機関です。

これらは中国共産党・中国人民解放軍、北朝鮮の政権さらには韓国政府の実質的な手先となってしまっていると言ってよいでしょう。

また、自民党を含む売国政治家が取り込まれ、経済、歴史、文化などあらゆる面で日本を毀損《きそん》し、私利私欲のため、それらの国々に利用されてきたことも大きな問題であり、その事実も明らかになってきています。

とりわけ歴史教育や「平和教育」なるものは、その影響をもろに受け、教育現場という「聖域」の中で無批判に行われています。平和は大事だし、日本は大戦を経験しているので「平和教育」は必要だと考えることは自然です。

しかし、本書でお示ししたように、そこには共産主義や社会主義のイデオロギーが入り込み、日本を中国、韓国、北朝鮮に隷属させるための手段になっているのです。「平和教育」の基礎にある歴史教育もまた同様の側面があります。「河野談話」「村山談話」の克服、「近隣諸国条項」の撤廃が歴史教育を健全化する第一歩であると確信します。政治家は、それを公約または争点にして選挙を戦うべきです。

現在の私は、勤務校の生徒とその保護者および教職員の幸せを考えることで頭がいっぱいです。

そのために十分な仕事ができているとは言えないかもしれません。「それができずに、国レベルの問題をとやかく言うな」「足元を見つめろ」という声が聞こえてくるようです。

しかし、私は勤務校の生徒のために命を落とすことは厭《いと》いませんが、同時に将来の、未来の人々のためにも歴史認識と歴史教育を糺していきたいと思っています。

日本は強く、優しく、世界の人々のために貢献するという本来の姿を取り戻すべきだと考えます。教育によるその実現が私の使命と心得ます。それまでは歳を取っていられませんし、死ねません。

どうか、それぞれの「場」で力を尽くし、そして、時に、ともに力を合わせてくださいますようお願い申し上げます。

最後に、教育界とともに、さまざまな利害から国を損ねてきたマスコミにも、言いたいと思います。

「国愛さずんば、国滅ぶ。
国滅べば、生業立たず。
心せよ、偏向マスコミ！」

2013年8月6日

森　虎雄

森 虎雄（もり とらお）

1956年、東京都生まれ。ベテラン日本史専攻高校教師。公立高校の教諭、教頭、校長等を歴任。上智大学文学部史学科卒業。明星大学大学院人文学部研究科教育学専攻修士課程修了（高橋史朗ゼミ）。趣味、料理。

反日日本人は修学旅行でつくられる

2013年9月27日　初版第1刷

著　者　森 虎雄

発行者　本地川 瑞祥

発行所　幸福の科学出版株式会社

〒107-0052　東京都港区赤坂2丁目10番14号
TEL（03）5573-7700
http://www.irhpress.co.jp/

印刷・製本　中央精版印刷株式会社

落丁・乱丁本はおとりかえいたします

ISBN978-4-86395-395-6 C0037

©ankomando - Fotolia.com、
写真：読売新聞／アフロ…p.81、写真提供＝古賀花子さん／朝日新聞社…p.85、AFP＝時事…p.90

大川隆法 ベストセラーズ

理想の教育を目指して

『教育の法』

信仰と実学の間で

深刻ないじめ問題の実態と解決法や、尊敬される教師の条件、親が信頼できる学校のあり方など、教育を再生する方法が示される。　1,800円

『教育の使命』

世界をリードする人材の輩出を

日本の停滞を招いた「戦後教育の問題点」から、「幸福の科学学園」の驚異の実績、未来を拓く「宗教教育」の必要性まで、教育荒廃に対する最終的な答えがここに。　1,800円

『国を守る宗教の力』

この国に正論と正義を

このままでは、日本という国はなくなる。――沖縄での反米思想をどう打ち破るか、竹島と尖閣諸島の領有問題、毅然とした外交路線など、亡国に追いやる左翼やマスコミに対して真正面から正論を訴える。　1,500円　幸福実現党刊

『平和への決断』

国防なくして繁栄なし

憲法9条では、もう日本の平和は守れない。北朝鮮の核保有も中国の異常な軍拡も想定していなかった「日本国憲法」。もはや想定外は許されない。日本の未来を切り拓く国家戦略がここに。　1,500円　幸福実現党刊

幸福の科学出版　※表示価格は本体価格(税別)です。